I

CATILINAIRE

CONTRE LES PRITCHARDINS,

OU

DÉCLARATION DE GUERRE

AU

SYSTÈME DE LA PAIX

ET A TOUS LES FORTS,

PAR CHICOISNEAU.

A PARIS,

CHEZ MORRIÈRE, ÉDITEUR,

RUE DE LA BARILLERIE, 7.

1845.

1re CATILINAIRE

OU

DÉCLARATION DE GUERRE

AU

SYSTÈME DE LA PAIX.

Paris. — Imprimerie de BEAULÉ, rue François Miron, 8.

PRÉFACE.

Je dois répondre à un singulier reproche. Il ne manque pas de gens, bien intentionnés, sans doute, qui s'étonnent de ma persévérance à écrire ; ils partent de cette supposition, qu'avant tout il faut voir le résultat; qu'il ne suffit pas d'écrire et même de se faire lire, et qu'il faut surtout une position, un point d'appui à l'aide desquels on puisse en imposer. Que ne disent-ils qu'il faut être ou député, ou ministre, ou chancelier pour entrer en lice, et qu'à défaut de ces titres on s'expose à passer pour ambitieux et rien de plus. Si ces gens appartenaient, je ne dirai pas à l'opinion, car il n'y en a pas, mais au parti dominant, la réplique serait bien facile : je leur dirais que ce n'est pas pour eux que j'écris, et j'aimerais mieux garder le silence que leur adresser le moindre éloge ; mais il n'en est pas ainsi : les hommes dont je parle sont de bons et excellents citoyens ; ils ont toutes mes sympathies, et à ce titre je leur dois une explication. D'abord, au fond, ils n'en ont pas besoin ; ils savent à merveille que les coups les plus rudes portés au système sont les mieux mérités. Mais ils prétendent que d'autres ont pris ce soin et le prennent chaque jour, et qu'il est superflu de le prendre soi-même quand on n'est pas suffisamment connu. C'est là qu'est l'erreur de ces bons citoyens; s'ils voulaient bien prendre la peine de lire chaque jour les journaux et les brochures politiques, ils s'apercevraient que la presse en général n'est plus à la hauteur de sa mission politique; qu'elle dégénère dans ses hommes et dans son but; qu'elle est trop exclusivement liée à un principe politique, et qu'elle donne trop dans l'esprit de système. Voit-on jamais un journal se donner la peine de discuter une opinion qui n'est pas la sienne, autrement que pour donner raison au système qu'il soutient chaque jour? convenir d'une erreur dans son système ou de l'impossibilité de l'appliquer? Et c'est précisément cet aveuglement, qui fait suivre au même journal la même ligne politique pendant toute sa durée, qui rend sa discussion oiseuse, digne de la pitié du juste-milieu, à ce point qu'il ne le compare pas même aux oies du Capitole, avertissant le peuple des desseins de l'ennemi caché sous un drapeau tricolore : je n'en veux citer qu'un seul, le plus avancé de tous, pour démontrer la justesse de ma pensée. Prenez le *National;* d'un bout de l'année à l'autre il vous étourdira sans cesse de son même refrain; sa conclusion sera toujours la même : c'est que la France est impatiente du joug des hommes du juste-milieu, qu'elle le secouera tôt ou tard. Et les hommes du juste-milieu, de rire de la naïveté quotidienne du journaliste, de lui opposer le calme plat qu'ils remarquent et qu'ils choient si bien, dans cette France que le journaliste voit si agitée; de ne pas même prendre la peine de répondre à l'article de fond du patriote publiciste. Demandez à ce journaliste comment il entend que tout cela finira, ce qu'il espère lui-même; il se retranchera dans les lois de septembre pour se dispenser de vous répondre, comme si les lois de septembre avaient été faites pour venir au secours de sa plume; et il se donnera les airs d'un grand homme en s'abstenant de toute discussion sur ce point, comme si la première loi du journalisme n'était pas de nettoyer le terrain sur lequel il marche, de déblayer toutes les issues de la tyrannie, et de lui montrer à elle-même le précipice qu'elle creuse sous ses pas; de lui faire comprendre que l'opinion constitutionnelle, pas plus que la tyrannie elle-même, n'a rien à gagner dans la prolongation de cette lutte, et que le désespoir seul des masses trouvera son compte à cette léthargie de la constitution, inappliquée, réduite à une lettre morte et enfouie dans les cartons. Qu'on cherche donc, je ne dis pas dans l'un seulement, mais dans plusieurs de nos journaux, la solution à cette crise sociale, on sera bien obligé de convenir que les journaux restent dans le vague de leur opinion politique mal définie, et qu'ils ne formulent aucune prévision sérieuse de l'avenir.

Et si des journalistes, enfermés dans les étroites limites d'un système politique, on passe aux écrivains, que trouve-t-on? des hommes qui écrivent, des hommes qui soutiennent un système, personne qui pose la question dans les termes du pouvoir et qui la résolve contre lui, sans laisser poindre une arrière-pensée de substitution d'un système à un autre, sans détruire les prémisses posées par la discussion. Veut-on un exemple? je vais le chercher bien haut et le mettre en lumière. A coup-sûr, l'écrivain le plus favorisé des dons de la nature, M. de Lamartine, est bon patriote, du moins il l'a dit; eh bien! prenez son dernier écrit, car c'est toujours au dernier qu'il faut s'en rapporter, en quelques pages il a le mérite de passer en revue toute la politique intérieure et extérieure; il dit tant de choses en peu de mots! soit; mais il ne dit pas moins des choses contradictoires. Dans ses premières pages il tombe sur le pouvoir, il le déchire et le met en pièces; il appesantit sur lui sa main vengeresse; il le rudoie tellement qu'un peu plus il va le tutoyer, s'il entrait dans ses mœurs d'aller jusqu'à cette formule du langage civique. A quoi aboutit cette catilinaire si pompeusement écrite? à ceci : « Quand le roi est allé *rendre* en Angleterre sa » visite à une jeune reine qui était *venue* l'année der- » nière lui présenter des gages de bonne harmonie, et » *effacer* sous ses pas les mauvais souvenirs du traité » du 13 juillet, nous n'avons point accusé le minis- » tère de *laisser rendre une politesse royale au roi du* » *peuple* le plus poli de l'univers (qui est le plus poli, » du roi qui s'en va ou du peuple qui le laisse partir?) » ni accusé le roi (je le crois bien!) d'applanir ainsi, » autant qu'il était en lui, la route épineuse où *la di-* » *plomatie* (de qui, s'il vous plaît?) a trop souvent à » se heurter, etc.

» Ce blâme tout ministériel ne nous a point rendu » malveillants à cette rencontre de deux souverains » *représentant les hautes sympathies* de deux grands » peuples, etc. »

L'opinion a de nouveau jugé du beau style de M. de Lamartine; mais, qu'il me soit permis de le dire, elle n'a fait aucun profit dans ce discours, et à part le plaisir qu'elle goûte à se nourrir de belles paroles, elle n'a rien trouvé de ce qu'elle cherche : M. de Lamartine était donc allé bien loin dans le cours de ses idées, qu'il lui fallut terminer, par un éloge, sa foudroyante diatribe contre le système, et que veut-il donc que l'on sache, quand il se livre dans le même écrit à tous les emportements de la flatterie et à la critique légitime du pouvoir : aucune loi ne prescrit l'approbation ni l'éloge ; et si M. de Lamartine avait bien lu ses lois de septembre, il aurait compris que la flatterie devient une injure quand la critique la plus inoffensive est réprouvée par ces lois ; ce n'est pas que je veuille me mettre à dos une éclatante célébrité, mais j'use d'un droit, mais je ne puis tolérer que les échos de la presse retentissent de louanges pour la politique du publiciste, à l'égal des louanges méritées pour le style de l'écrivain.

Et d'un: à un autre: M. Ledru-Rollin est le deuxième que je croie devoir attaquer : non pas que je veuille l'assimiler au premier, bien qu'il lui ressemble par un point ; c'est qu'autrefois il appartenait à une autre école ; à une rédaction beaucoup plus molle dans son système d'opposition : il n'y a rien là qui puisse me surprendre, je suis tout prêt à marcher avec ceux qui veulent marcher avec moi, avec les patriotes si improvisés qu'ils me paraissent ; mais je ne puis pour cela passer sous silence les hérésies que je rencontre à côté des principes et des discussions les plus larges : je ne puis, comme le *National*, admettre sans restriction le passage que voici : « On » est étonné de voir à la suite de chaque révolution, » augmenter le fardeau des impôts sans que le peuple » vengeur *songeât à protester*. C'est que le fardeau » des impôts n'était qu'un grief *secondaire* qui figurait » après les autres. Mais, lorsque les autres sont satis- » faits par sa victoire, celui-là est trop *infime* pour » motiver un soulèvement. Car chacun sent bien » qu'il y aurait du *péril* à se faire *tuer* pour le dé- » grèvement de quelques centimes (à la bonne heure!) » Il en est ainsi de tous les *besoins matériels*, ils ne » sauraient passionner l'homme jusqu'au sacrifice de » lui-même. »

Je soutiens qu'un bon écrivain ne doit jamais se

faire une objection qu'il ne peut pas détruire et qu'il vaut mieux, en rhétorique, s'abstenir d'une discussion que lui donner une issue défavorable : que dira le peuple, M. Ledru-Rollin, lorsqu'il saura qu'un homme portant le nom de Rollin a imprimé dans le *National* que la révolution ne se fait jamais pour un impôt, d'aucun genre ; que dira le système quand il verra que les orateurs populaires exhortent le peuple à se laisser manger par le fisc ; le système dira que l'opposition de M. Rollin peut être noble mais qu'elle n'est pas dangereuse ; et le système s'accrochera de nouveau à la dotation, bien convaincu par les aveux de M. Ledru, que le peuple ne se révoltera pas pour les quelques centimes de plus que lui jette M. Rollin : pour définir sa pensée comme elle devait l'être, M. Rollin avait à dire qu'il est rare de voir une révolution à l'occasion d'un impôt, parce que l'impôt frappe l'un pour doter l'autre, et qu'il crée des intérêts divers, au prorata de sa quotité : oui, cela est rare ; mais impossible, non : les philosophes se sont révoltés pour une idée : cette idée résumait tous les griefs populaires ; et l'appui qu'ils ont trouvé dans les masses est une preuve de l'abus du système des impôts. Si le peuple avait joui, avant 89, des franchises que la révolution seule pouvait lui donner, M. Ledru-Rollin suppose-t-il qu'il se serait fait tuer pour une abstraction philosophique.

De tout cela je conclus que la discussion n'avance pas assez ; qu'elle fait un lit de roses au système, et qu'il faut s'attaquer à la base elle-même, pour l'appuyer, s'il y a lieu, et pour la raser, si elle ne peut se soutenir qu'au mépris de tous les engagements.

Est-il donc si nécessaire de se faire chancelier, et depuis quand ne suffit-il plus de posséder le titre de citoyen, pour avoir le droit de tenir la ferrule ? la question est claire : je suis tellement convaincu de l'excellence de cette thèse, que je vais jusqu'à dire que l'une des premières conditions de la dignité de l'écrivain, c'est de n'être associé à aucun genre de système, de pouvoir revendiquer l'indépendance de ses opinions, et surtout de ne jamais faire supposer au public qu'il plaide pour un système contre un autre : quand le public sait que le meilleur ne vaut rien, la science le repousse comme antipathique au progrès ; et dès lors, que devient l'objection de ces amis qui prétendent qu'il faut être plus ou moins affilié pour se permettre d'écrire quand ils devraient savoir une bonne fois que l'affiliation est la mort de l'indépendance personnelle.

J'ai encore un autre genre de reproche à repousser: celui-là ne me paraît pas aussi consciencieux que le premier ; aussi n'y mettrai-je pas tant de façon: je puis dire à ces hommes qui me portent un intérêt si tendre, si vif, si passionné, qu'ils ont trop d'esprit pour ne pas savoir que la profession d'avocat n'est point incompatible avec l'exercice de la polémique politique ; je leur prouverais, s'ils ne le pensaient déjà, qu'avant tout, l'avocat, dans la constitution moderne des sociétés, est obligé de plaider la cause du peuple, comme il plaide celle des particuliers ; que l'avocat est le dernier mot de la liberté menacée ; que c'est lui qui sauve le peuple quand les grands l'abandonnent, et qu'il doit paraître sur la brèche quand ses mandataires se retirent et qu'ils se bornent à gémir sur les empiétements du pouvoir : l'idée fondamentale de l'institution de l'ordre, c'est la création de cette pépinière éternelle d'indépendance, toujours prête à signaler les écueils et à renverser les mauvais titulaires du pouvoir : l'avocat ne fait pas les ministres, mais il les destitue;

sa parole vibrante d'énergie pénètre en tous lieux et, il faut bien *qu'on se rende si on ne veut pas être pris!* J'en ai dit assez pour ceux qui s'arrangeraient si aisément de la résignation d'un avocat plaidant sans cesse les questions de mitoyenneté, et je me permettrai d'en finir avec eux, par cette dernière réflexion : qui les oblige à lire les discours politiques de Me Chicoisneau?

CATILINAIRE.

Le vertige s'est emparé des hommes du pouvoir ; à force de craindre pour leurs places ils en sont venus à faire parade du cynisme le plus révoltant, à supporter tous les affronts, et à ne plus rougir de rien. De toutes parts on leur crie qu'ils se noient, qu'ils attirent sur la France et sur l'Europe un déluge de maux, ils ne sont pas moins impassibles que des bornes ; et, ils ne renonceront à leur système qu'après avoir guerroyé sur le terrain le plus fangeux qu'ils pourront découvrir : les majorités pas plus que les émeutes ou les assassinats, ne sont de nature à les ramener ! Leur présence au pouvoir tient à quelque chose de plus élevé suivant eux, que l'élection populaire ; ils renouent la chaîne des temps, et s'étourdissent à ce point qu'ils cherchent ailleurs que dans la charte la raison de leur existence officielle. On verra ce qu'ils trouveront au fond de cette détestable politique, ce qu'ils auront gagné à s'attaquer aux plus nobles sentiments du patriotisme ; mais il n'est pas moins nécessaire de dévoiler tout l'odieux de leur tactique et de les signaler si bien qu'ils finissent par se reconnaître eux-mêmes et par être obligés d'applaudir à leur disparution. Attaquer ces hommes par la question intérieure, c'est ne rien avancer, il faut les combattre également par la question extérieure, et leur donner l'assaut dans les lieux mêmes où ils se croient le plus en sûreté. Aussi bien l'Europe, comme la France, assiste à un pitoyable spectacle : une paix générale avait succédé à une guerre de principes entre les nations et les rois ; elle donnait à ces derniers surtout, le loisir de faire des chartes et d'asseoir ensemble sur des bases solides et durables, la liberté et la royauté ; l'une et l'autre y trouvaient leur compte, et le danger d'un nouveau combat entre les deux principes disparaissait pour longtemps. Les rois étrangers n'ont pas mis le temps à profit, ils ont persévéré dans leur politique absolutiste ; et il ne s'est trouvé personne parmi eux, depuis la paix jusqu'à ce jour, qui ait suivi une impulsion consciencieuse en faveur des principes populaires.

Les exemples sont là, sous les yeux des rois : le sang a coulé assez longtemps, en Angleterre d'abord, et, en France après, pour l'établissement du droit civil ; l'Angleterre est peut-être à l'heure qu'il est, la seule puissance à qui profitent les bienfaits d'un pacte social ; aussi voyons-nous que, délivrée de son ancienne servitude, elle met tout en œuvre pour augmenter ses richesses et développer sa puissance extérieure ; la France traînée à sa remorque, par les dépositaires actuels du pouvoir, n'est pas encore dans les mêmes conditions de prospérité nationale ; d'abord elle est plus jeune que sa rivale dans la noble carrière de la liberté ; et, puis, elle n'est pas comme l'Angleterre protégée par les eaux de l'Océan ; elle n'est séparée des autres peuples de l'Europe que par des limites de convention : la force des choses, l'intérêt de sa sûreté, les souvenirs de gloire qui se rattachent à ses hauts faits d'armes, lui assignent un tout autre rôle ; elle ne peut comme l'Angleterre isolée du continent, garder la liberté pour elle seule et n'en faire part à aucune autre nation, son devoir est de jeter *l'égoïsme de côté*, et de donner des constitutions politiques à tous les peuples de l'Europe. L'idée n'est pas nouvelle, mais elle se reproduit sans cesse et, elle finit par s'imposer aux plus incrédules ; une telle idée, bien commentée est le dernier mot de cette situation si grave que nous apercevons se développant chaque jour, et qui doit, dans un temps plus ou moins rapproché, recevoir une solution définitive ; il n'est pas un roi étranger qui ne s'attende au débordement du principe politique, et à une application immédiate de toutes ses conséquences en faveur de son peuple ; tout bien considéré, la force décidera entre les rois étrangers et nous, la force est la seule puissance qui soit appelée à vider la querelle sociale européenne, à moins qu'on ne trouve un moyen de civiliser les rois étrangers.

Absolutistes, ils ont bien compris que la mission politique de la France n'était autre ; ils ont tremblé sur leurs trônes au premier bruit de la révolution de juillet ; et, c'en était fait d'eux et du droit divin, si la révolution elle-même n'était tombée aux mains d'un parti rétrograde; ce parti a fourni une carrière bien longue, bien monotone, triste surtout pour ceux qui n'ont oublié ni les malheurs de la Pologne, ni les efforts de l'Italie, ni les déchirements de la Péninsule ; mais encore il ne lui est pas donné de manier plus longtemps le pouvoir, et *quoiqu'il* dise ou *quoiqu'il* fasse, il s'est enchaîné lui-même à un système vicieux et destiné à périr. La question revient donc entière ; elle reparaît déjà, comme aux beaux jours de 1830 ; et elle impose aux Français l'obligation de la résoudre, dans toutes les capitales de l'Europe : déjà, l'indignation du peuple, soulevée par une tache de plus à son drapeau, a fait justice du système ministériel ; elle tient le pouvoir en haleine, elle peut faire explosion d'un moment à l'autre, dans la Chambre des Députés et lui donner une leçon très-sévère, s'il tarde trop à se soumettre : de gré ou de force il faut que les ministres marchent.

L'ardeur des combattants sera grande, du côté de la France, espérons que, dans cette seconde guerre contre l'absolutisme seul, les Français victorieux sauront mettre à profit leur expérience de vingt-cinq années, ils ne perdront pas de vue que le mobile de cette guerre est la constitution qu'ils doivent à tous les peuples, et ils ne s'amuseront pas comme autrefois à remplacer des rois par d'autres sans mettre les institutions en vigueur ; le temps n'est plus où l'opinion publique se laissait allécher au goût démesuré d'un accroissement de territoire. Avant tout, la France a besoin de liberté, pour elle et pour ses voisins, et, elle ne peut faire la guerre que pour un si louable motif.

A quoi donc a tenu la solution du grand problème européen? Qui pouvait attrister le présent et enchaîner l'avenir des peuples, j'oserai le dire : je ne laisserai pas aux rétrogrades une espèce de satisfaction qui pourrait les enorgueillir : qu'ils sachent donc que les rois ont dû leur salut bien moins à leurs perfides entreprises contre les libertés publiques, qu'à la puissance même du principe de 1830, qui s'est montré si majestueux et tellement supérieur à tous les rois, que ses plus chauds partisans ont pu s'imaginer qu'il pénétrerait par tout sans coup férir; d'autres, il est vrai, mus par un motif moins noble et sous le prétexte de rassurer les intérêts privés quelque peu froissés par une grande commotion intérieure, ont insinué qu'il ne fallait pas étendre la lutte politique au-delà des limites du territoire ni s'exposer à renouveler une guerre de principes qui avait duré vingt-cinq années. Ceux-là n'étaient pas de bonne foi ; ils méditaient dès lors la ruine du peuple ; et dans la suite ils l'ont prouvé : ce premier pas vers leur système n'a servi qu'à les affermir dans leurs résolutions; ils ont couvert leurs projets du prétexte que les rois de l'Europe s'exécuteraient d'eux-mêmes, qu'ils y seraient entraînés par la force des choses, et partant de cette supposition accréditée par eux, ils ont abandonné à elle-même la question extérieure : ils se sont soumis à des rois! Que dis-je? ils songeaient dès cette époque si rapprochée de 1830, à reconstituer le pouvoir sur ses anciennes bases ; à ne changer que les personnes et non les choses, et qui le croirait! à faire de la révolution de Juillet leur domaine privé et personnel : leurs premiers soins donnés aux affaires des rois étrangers, le calme rendu à tant d'augustes têtes, ils ont pris à tâche de démolir, pièce à pièce, le monument de Juillet 1830; ils ont créé, entre eux, un langage de convention, emprunté à tous les raffinements de la perfidie; et, n'ont pas oublié de se montrer plus révolutionnaires que les héros eux-mêmes pour mieux les tromper; ils ont évoqué les grands mots pour cacher les petites choses ; chez eux, les projets tenaient lieu des actes ; et enfin, la révolution n'était pas à son quatrième jour que personne ne doutait plus que les obstacles du dedans allaient l'emporter sur les difficultés du dehors.

PROCÈS DES MINISTRES.

La circonstance où la mauvaise foi du système a le plus éclaté se rapporte au jugement des ministres du roi déchu : quand cette affaire est tombée à la charge du système, obligé qu'il était de convenir que la loi punissait de la peine de mort le crime de haute trahison, il a fait plaider, dans ses journaux, pour l'abolition de la peine de mort; il a fait hypocritement soutenir, et, on l'a bien vu depuis, que la société n'avait aucun droit sur la vie d'un homme, ouvrage de la Providence; qu'elle pouvait se mettre à couvert de ses entreprises si criminelles qu'elles fussent, par une détention perpétuelle. Le système ne péchait pas par ignorance, il savait bien que les idées de civilisation n'étaient pas assez mûres pour donner accès à un tel principe : que lui importait? n'avait-il pas calculé que si la question faisait doute pour un crime ou pour un autre, le doute devenait favorable à ses projets sur la vie des ministres; l'essentiel était de reculer l'époque du jugement jusqu'à ce que l'opinion publique ait eu le temps de se reconnaître et de se prononcer pour l'abolition de la peine de mort. Eh, mon Dieu, la révolution de Juillet eût pris la tête des sept ministres qu'elle n'eut pas mieux fait, qu'elle n'eut pas déconcerté les tentatives plus odieuses des ministres entrant; mais il n'est pas moins vrai de dire que les ministres du dernier roi furent sauvés par l'emploi d'une manœuvre hypocrite, que le système ne voulut pas qu'on leur infligeât la peine de mort, parce qu'ils avaient fait ce que les nouveaux ministres se sentaient capables de faire, ce qu'ils ont fait, et que dès lors ils avaient un grand intérêt à ne pas établir un précédent funeste pour leur existence personnelle, et peu rassurant pour leur politique rétrograde.

L'intervalle écoulé entre l'arrestation et le jugement

est encore une époque des plus fertiles en enseignements; le système s'est aperçu que le peuple s'amusait à discuter le pour et le contre de la question criminelle; pendant ce temps il a compté ses partisans et fait le dénombrement de toutes ses dupes; il a vu que les uns et les autres présentaient un effectif considérable; il ne fut pas embarrassé pour les rallier à un principe de justice qu'il trouva dans les maximes du droit: Est innocent qui n'est pas encore condamné, a droit à la protection de la force publique qui se présente devant l'auguste tribunal de ses pairs; il n'en fallait pas davantage pour mettre la bourgeoisie dans son intérêt, pour obtenir d'elle une démonstration anticipée contre l'héroïsme de Juillet. La bourgeoisie croyait ne servir que les intérêts de la justice, elle se mettait dès lors à la discrétion du système, elle armait son bras contre une révolution populaire; dès ce moment, le bruit a circulé dans les rangs des bourgeois que les héros de Juillet au lieu de vouloir un jugement tel quel contre les ministres voulaient toute autre chose, par exemple, la loi agraire, et la bourgeoisie, habilement dirigée vers cette idée fixe, a donné tête baissée dans le piége qui lui était tendu; on a pu voir dès lors qu'elle servirait de marche-pied à l'ambition du système, on a pu se convaincre également, que le mot de liberté, sans la chose, était tout ce qui convenait à son tempérament; que chez elle les questions de vanité passaient avant les questions de principe, que ses chefs se prenaient pour des hauts barons du moyen-âge, sans égard toutefois pour la différence qu'il y a entre des boutiques et des châteaux crénelés garnis de leurs tourelles et bastions.

Le bivouac des bourgeois dans les rues de Paris pendant que les ex-ministres et leurs pairs discutaient sur la politique, apprit au système, de manière à n'en plus douter, que la révolution de Juillet n'était pas mieux comprise par le gros des bourgeois que par lui, ou au moins, qu'ils en étaient bien innocents; il a jugé qu'il pouvait les endormir dans la flatterie, les accabler de grades et de caresses et ce système s'est d'autant plus épris d'un beau zèle pour la résurrection de ce principe absolutiste qui menaçait naguère encore de tout envahir. La révolution de Juillet ne tenait pas plus que le système à la mort des ministres; mais la conduite de toute cette affaire a démontré que la France n'avait rien gagné au renversement des ministres déchus, que ceux entrant avaient adopté un système mensonger et fallacieux, à l'égal du précédent; que la France allait recommencer la douloureuse épreuve des quinze années de la restauration, qu'elle ne recueillerait aucun fruit de la révolution de Juillet, et qu'il lui faudrait encore subir les humiliations du dehors et du dedans.

LES ARMES DES HÉROS.

La bourgeoisie mise dans l'intérêt du système, par surprise, il est vrai, devait bien s'attendre à une exploitation plus considérable de ses sentiments d'ordre public et de liberté légale; que si, d'une part le système ne faisait rien de ce qui devait consolider la révolution, d'une autre, il ne perdrait aucune occasion d'en comprimer les plus nobles élans: fort d'un tel appui, le système était en mesure de lutter contre le peuple et même contre les héros de Juillet : toutefois, le moment eût été mal choisi; il valait beaucoup mieux distribuer les grades, les croix, les honneurs à des partisans, même de fraîche date, et procéder au désarmement des héros de Juillet, c'était prudence avant d'en venir aux mains avec eux; il fallait un motif pour désarmer des hommes qui avaient fait leurs preuves de bravoure et de désintéressement. On n'en trouvait aucun; il fallait au moins un prétexte, lequel? Les meilleures têtes du parti n'en pouvaient imaginer un seul bon ou mauvais; le système était réduit à inventer un prétexte, il n'inventa rien; en revanche, il fit si bien qu'il démoralisa la majeure partie des héros comme il avait denationalisé la bourgeoisie.

Ces armes, leur dit-il, elles ne vous sont plus utiles; le Tyran est détruit, la tyrannie n'a plus la moindre chance de succès, vous pouvez sans crainte retourner à vos ateliers, la garde nationale veille pour vous, elle n'est pas complètement armée : il ne serait pas juste qu'elle prît vos armes sans les payer, que tardez vous à porter ces armes sur la place publique, à recevoir en échange une valeur matérielle, argent comptant; les enchères sont ouvertes par les soins du système, profitez de sa bonté et défaites-vous de vos armes? En moins d'une semaine, les héros de Juillet, séduits par des apparences trompeuses, rendent les armes prises à leur ennemi, la joie du système fut grande, le marché lui était favorable; il donnait des écus qui ne lui coûtaient rien et il recevait un gage précieux de stabilité et de durée; sa joie fut courte cependant, il ne tarda pas à s'apercevoir que la ruse n'avait pu prendre contre la totalité des héros; qu'un grand nombre d'entre eux avait préféré *sa redoutable armure* aux séductions passagères de quelques pièces de monnaie; et ce nombre était si considérable que le système en conçut une certaine inquiétude; il trembla pour *ses projets de réaction* si heureusement conduits jusque là; à cette époque il n'était pas tellement sûr de ses chers camarades qu'il ne redoutât quelque diversion dangereuse, si ces armes restaient aux mains des incorruptibles parmi les héros de Juillet; une telle anxiété était bien faite pour lui arracher ces proclamations si pathétiques, et ces grands airs en plein vent, sur tous les tons, par lesquels il célébrait à sa manière, sans bourse délier, la victoire du peuple sur la tyrannie.

Ces armes restées entre les mains de l'élite des héros de Juillet, après la provocation séduisante du système, pour les payer même au-delà de leur valeur matérielle, témoignaient hautement de la méfiance populaire; cachées qu'elles étaient, elles lui arrachaient à chaque instant ces recrudescences de déclarations pathétiques et ces gesticulations si énergiquement attendrissantes dont chacun a pu jouir ou gémir à son gré ; mais il faut le dire: elles ne l'ont jamais déterminé à aucune action ni généreuse ni profitable au peuple : loin de songer à les rendre inutiles entre les mains des héros par l'accomplissement des promesses de Juillet; il ne s'écartait pas moins du programme de l'époque; il affectait déjà la prétention de le méconnaître et n'attendait plus que l'occasion de le renier complètement; elle tardait à lui venir, il la fit naître.

L'acquittement des ministres était sans doute une excellente affaire, mais le crime qu'ils avaient commis était si atroce, si récent que le peuple mitraillé pendant trois jours eût peine à se ranger à l'avis des juges qui n'avaient pas été mitraillés de la même manière, tant s'en faut. Il était fort à craindre qu'une complication plus grave ne vînt donner à réfléchir aux hommes de la modération quand ils jugent des ministres; bien que je n'entende pas dire que la modération leur fait défaut quand ils jugent des républicains : je ne veux insulter personne. L'exaspération avait pris la place de ce calme qui précède l'attente sérieuse d'une vengeance légale; le sang épargné d'un côté pouvait couler d'un autre.

Les ministres ont fait tous les efforts imaginables, secondés qu'ils étaient par la presse, pour lutter contre l'énergie du sentiment populaire; mais ils n'ont convaincu personne, le fait était là; il était criminel, le peuple égorgé pendant trois jours, taillé en pièces, en exécution d'ordres impitoyables, victorieux malgré ces ordres, n'avait pas obtenu satisfaction, et il se montrait peu disposé à tenir compte au système d'une générosité dont il avait fait tous les frais. C'est dans les grandes occasions de ce genre que les opinions se forment, qu'elles deviennent à la fois tranchantes et irréconciliables, mieux eut valu pour l'avenir des institutions, pour la sécurité des personnes et des biens, dans l'intérieur d'une grande ville, que des ministres qui avaient tiré à outrance sur le peuple, fussent condamnés à mort, et graciés ensuite soit par le roi, soit par le peuple lui-même; la vie était sauve, et la France entière n'était pas prise pour dupe, et l'absolutisme européen prenait au sérieux la révolution de 1830; il jugeait de sa force par la haine commune aux petits et aux grands, contre des ministres prévaricateurs.

LE PATRICIAT.

La colère du peuple se tourna contre la Cour des Pairs, peu s'en fallut qu'il n'investît son palais, même pendant le procès; la Cour avait sauvé les ministres, le système sauva la Cour; il appuya fortement devant le peuple sur ce que la Cour était composée de membres héréditaires; il prétendit l'un des premiers, que c'était là son seul défaut : donc, en supprimant l'hérédité dans la pairie, sans supprimer autre chose, on satisfaisait aux exigences les plus impérieuses de la révolution de Juillet; le peuple se paya d'une si excellente raison, la pairie fut conservée, l'hérédité détruite et l'indépendance de la Cour portée au plus haut point, dit-on! de sorte qu'à la sédition près, dit-on encore! il n'est pas possible de trouver une institution plus jalouse de son autorité et de ses droits, donnant plus de gages au principe de 1830, et qu'on ne sait plus où s'arrêtera la noble Cour, pour peu qu'elle continue à se recruter parmi les Députés dont le peuple ne veut plus, parce qu'il les connaît beaucoup mieux, sans doute après qu'avant leur première élection. N'importe, l'hérédité a été supprimée, la Cour s'en ira tout doucement, un jour il ne se trouvera plus personne qui veuille être nommé Pair de France, et, dès lors ne valait-il pas mieux se défaire d'une institution par le suicide que par une mesure violente; et, d'ailleurs, si on avait supprimé la pairie comme un rouage inutile, qu'aurait fait la noblesse chassée dans ses derniers retranchements? N'était-ce pas sagesse d'appréhender sa colère, d'endormir sa fureur dans une satisfaction de pur amour-propre : ajoutons que si parfois la Chambre des Députés a voté un bon projet de loi, la Chambre des Pairs l'a rejeté, d'où la conséquence, c'est que le peuple au dire du système avait tort de demander la suppression de la Chambre des Pairs, et que c'était bien mal à lui de n'être pas satisfait par l'adoption d'une mesure qui tendait toujours, d'après le système, à désorganiser la pairie, quand au fond elle rapprochait de lui les ambitieux.

On ne s'entendait pas de part ni d'autre, ou mieux, on se comprenait par trop; le pouvoir qui avait craint le ressentiment de la noblesse s'il touchait à la pairie, ne craignit pas la colère du peuple de Juillet; il savait que des discussions, sans fin et sans résultat contre la constitution d'un troisième pouvoir, avaient jeté le désordre dans les rangs du parti populaire, que la fatigue s'était emparée des uns, le dégoût des autres; que l'ensemble des opinions était détruit; que les bourgeois, las d'attendre dans la rue le résultat des promesses du développement pacifique, s'insurgeaient pour rentrer dans leurs maisons, faire leurs comptes de caisse ou de pot au feu; il n'en fallait pas davantage pour attendre de pied ferme l'émeute si elle venait à paraître : heureux encore le peuple que le pouvoir attend sans le provoquer; le pouvoir s'est tenu, dit-on, dans une sage réserve; mais il n'est pas moins vrai qu'il y avait une émeute, petite ou grande, à tout propos; alors, comme aujourd'hui, dès que le peuple voulait une chose, le pouvoir en voulait une autre, et le peuple s'apprêtait à combattre, que le système était déjà dans la rue, qu'il bravait, armé de pied en cap, l'ennemi débaptisé par lui du surnom de héros, pour répondre sous la plume de ses écrivains, soit avec des titres de républicains qu'on n'a jamais définis, soit avec des épithètes violentes de terroriste, de sans-culotte et même de voleur.

La victoire resta au système, c'est bien vrai; elle ne lui coûta rien; en revanche, elle imposa à la France le sacrifice de ses plus généreux enfants tués dans l'un et l'autre camp; un sang bien pur coula dans ces luttes politiques. A l'échafaud levé sur la tête des hommes qui avaient applaudi à l'humanité de la Cour des Pairs en faveur des ministres, se mêla le droit de grâce. Comment le ministère a-t-il interprété la clémence royale? en soumettant à un régime atroce, homicide, ses détenus politiques. L'enfer ne perd jamais rien!

Est-ce donc ainsi que devait se terminer la grande affaire des trois journées, et ne pouvait-on pas, au lieu de pousser les choses à l'extrême, donner une base plus solide au principe de 1830?

Hélas! non, on ne le pouvait, l'engagement pris avec les rois du nord était tel, que la moindre hésitation dans le système de compression, détruisait aussitôt la foi jurée entre le pouvoir et les rois du nord; ce n'était plus à Paris qu'on délibérait, mais à Berlin et à St-Pétersbourg, et un peu à Vienne, pour la forme. Dépendance étrange des ministres de la France, à quelques mois de distance d'une révolution qui avait secoué le joug de la royauté, dépendance si honteuse que c'est à peine si elle pourrait s'expliquer par la perte de cent batailles rangées, dépendance cruelle pour le peuple après sa victoire.

Les ministres n'ont jamais compris, sans doute, que la révolution de Juillet était la contre-partie des traités de 1815, la revanche de la France contre sa bataille de Cannes est une protestation immortelle contre l'absolutisme de la royauté. Que dis-je, il n'est aucun d'eux, au contraire, qui n'ait parfaitement su ce qu'il faisait, qui n'ait tremblé devant cet arsenal de puissance et de virilité nationales exposé à tous les regards, par suite de l'expulsion des Tarquins français; mais chacun de ces barons a voulu rentrer au plus vite sous le patronage des rois de l'Europe et s'assujettir à vivre sous leur bon plaisir; c'est à cette cause qu'il faut attribuer, sans nul doute, les persécutions dont ils se sont montrés si prodigues envers les mêmes hommes qui leur avaient donné le pouvoir et la liberté!

Les émeutes sont-elles pour cela plus légitimes? qui le dit? personne. Le peuple a perdu patience au moment où il devait s'en tenir à ses droits; ce n'est pas lui qui avait besoin d'émeute, sa révolution était faite, c'était le pouvoir qui n'avait pas un jour à vivre sans l'émeute. Le peuple a eu tort de se battre dans la rue, quand il devait combattre dans la presse, mettre à nu tous les desseins du système : c'en était fait de ce dernier, si le peuple l'avait chaudement discuté et poursuivi sans relâche dans ses brochures politiques ; la conscience universelle, éclairée sur les menées du système, l'abandonnait à ses folles inspirations et le perdait dans un isolement absolu; mais, qui pouvait se flatter de faire entendre le langage de la raison à une masse encore enivrée des succès de la veille, le lendemain, pour ainsi dire, d'une éclatante victoire.

Les hommes éclairés et sages qui cherchèrent à détourner les esprits de toute espèce d'émeute, perdirent et leur temps et leurs veilles; le peuple ne les écouta point, le peuple fut vaincu; il eut à subir la loi des vainqueurs et il laissa sa liberté de la presse sur le champ de bataille; ce fut là la plus grande perte qu'il fît dans ces tristes journées; si bien que le système, qui ne pouvait vivre avec la presse libre, atteignit du même coup la presse qui n'était pour rien dans l'émeute, et l'émeute elle-même; il s'empressa de dénoncer la presse comme une alliée nécessaire des émeutiers, comme un auxiliaire de leur courage, quand il savait parfaitement qu'après le système, la presse n'avait pas de plus dangereux ennemi que l'émeute. Le sacrifice de la presse a été fait sur l'autel de la peur : avec quelle joie les rois étrangers ont dû voir des Français, nés libres, tarissant eux-mêmes la source de toute prospérité matérielle, politique ou nationale? quelles actions de grâces ils ont dû rendre au système pour ce nouveau bienfait : aussi, ce qui a fait l'erreur d'un grand nombre d'hommes éclairés, c'est qu'ils s'en tenaient aux apparences extérieures, qu'ils supposaient que le système était toujours au plus mal avec les rois, quand il était au mieux avec des amis d'un singulier genre pour des ministres sortis d'une révolution : cette erreur provenait de ce que les uns et les autres avaient intérêt à dissimuler leur entente cordiale. Du reste, c'était pitié de voir des journalistes donner à plein collier dans cette nouvelle rouerie du système et prendre pour argent comptant les protestations qui lui échappaient encore en faveur du principe populaire contre les rois du droit divin.

LOIS DE SEPTEMBRE.

La liberté de la presse s'éteignit en 1835 ; elle ne périt pas, toutefois sans subir les outrages décrits par La Fontaine dans la mort d'un vieux lion ; elle était bien coupable sans doute, car elle a souffert en plus le supplice d'Agrippine ; elle est morte de la main même de ceux qu'elle avait élevés ; elle emporta dans la tombe la consolation d'avoir déshonoré ses ennemis qu'elle a signalés jusqu'à son dernier soupir ; on les reconnaît encore, après dix ans d'anniversaire, sous les broderies d'antichambre qu'ils ont ajustées à leur pauvre taille.

A présent, c'est autre chose, il n'est plus permis de parler ni d'écrire, on paie tant pour s'avouer républicain, tant pour s'avouer carliste, énormément cher pour s'avouer bonapartiste ; du reste, l'opinion contraire est libre, on ne paie rien pour s'avouer systématique, que dis-je, on reçoit de l'argent, un grade, une place, en échange d'une manifestation favorable, sinon on reste tel qu'on est, affranchi du système, de ses doctrines, etc., etc. Quant au droit d'écrire, en lui-même, il est circonscrit dans des limites si étroites qu'il est fort difficile d'y recourir : d'abord, il faut bien se garder de dire ce que l'on pense ; la seule chose permise est de se plaindre contre le système, être inanimé et collectif dans la personne des ministres, être insaisissable, qu'on ne voit nulle part, qui ne pèse pas moins d'un poids énorme et abrutissant sur les destinées des peuples de France et d'Europe.

Ce système est une espèce de chimère, un composé de toutes les noirceurs de l'âme, on ne sait s'il existe, où il se tient et d'où il tire toutes ses inspirations ; la seule chose qu'on n'ignore pas, c'est qu'il dure beaucoup trop longtemps, qu'après avoir épuisé la génération de 1830 ; il s'apprête à enlever à la France tout son avenir par ses gigantesques appétits pour la bourse des contribuables qu'il s'approprie sous les dénominations les plus variées ; et il en invente tous les jours de nouvelles : il ne veut pas de confusion entre un titre sous lequel il prend, et un autre titre sous lequel il garde tout ce qu'il reçoit.

La presse réduite à s'attaquer à un système, n'est-ce pas une dérision? quel motif a donc pu déterminer des hommes d'un âge mûr à substituer un mot à un autre, à refouler la conviction intime dans l'absolu du silence? que dira la postérité de tant d'abaissement d'un côté et de tant de présomptueux orgueil d'un autre? le jugement qu'elle portera sur les inventeurs d'un mensonge plus politique que protecteur, sera une flétrissure de plus, ajoutée à l'époque actuelle ; il lui faudra se résoudre à lire ces lois de septembre 1835 pour la déterminer à croire qu'elles aient pu exister, qu'il se soit trouvé des hommes nés Français, acte de naissance exhibé, en majorité suffisante pour leur donner l'autorité légale à défaut d'autorité morale; et, si on leur demandait pourquoi ils ont voté ces lois (on a bien ce droit à présent qu'ils sont dissous et sujets de la contre-histoire de France), ils se permettraient, sans doute, de répondre qu'ils ont distingué entre la liberté et la licence, mais ils ne diraient pas, ils s'en garderaient bien, que la licence était l'apanage du système ; que c'était lui qui dirigeait sous main toutes les publications contre les conséquences du principe de Juillet, qui osait évoquer les vieux souvenirs d'un vieux régime, et les mettre en parallèle et même au-dessus du principe populaire ; ils ne conviendraient pas davantage de ces provocations incessantes qu'ils jetaient à la face de leurs adversaires politiques, en les accusant des crimes dont seuls ils étaient capables et coupables. Le mot de la situation, en 1835, ils ne le diraient pas; le voici : Les adversaires du système cramponnés à la charte jurée par le Roi, lui décochaient, par le moyen de la presse, des traits bien autrement redoutables que les balles des émeutiers ; et, ne pouvant plus se soutenir à force de trahisons, les rétrogrades avaient pris un détour par l'émeute pour pénétrer au cœur de la place, à la presse, au palladium de toutes nos libertés. Disons-le toutefois, le système n'est pas heureux dans le choix des moyens qu'il emploie, il convoitait pour lui le pouvoir, il l'a remis aux mains des écrivains privilégiés par la fortune; il suffit pour s'en convaincre de se rappeler tout ce que la presse libre produisait d'opinions contradictoires, et de comparer un tel état de choses avec la marche uniforme du progrès dans chaque journal; le système a donc bénévolement rendu à son pays le mauvais service d'y organiser des partis politiques, de susciter une polémique dangereuse pour la liberté des citoyens; il a créé des classes dans les écrivains et des partis dans la France; il a donné l'influence aux riches parmi les hommes de lettres; il leur a servi de marchepied pour monter à la fortune; il leur a donné le privilége de parler seuls, de se faire un nom, d'abriter ce nom sous la théorie du silence, appliquée à des rivaux, et enfin, il les a posés si bien, qu'il en a fait des hommes politiques et des maîtres impitoyables, non seulement pour lui, mais pour tous ceux qui ne possèdent pas les 100,000 f. de cautionnement.

Aussi le système peut voir de quel côté se tourne l'encensoir; on est plus avide de la faveur des journalistes que de la faveur du système; les journaux font les hommes, le système les détruit; et cet état de choses ne constaterait pas la présence simultanée de deux puissances rivales l'une de l'autre avec les chances de succès du côté du journalisme! L'urgence de l'abolition des lois de septembre est plus grande que le système ne semble le croire; le péril pour lui va s'augmentant chaque jour, les lois de septembre, bonnes peut-être pour l'époque, sont usées aujourd'hui; il n'en reste plus que ce qui est à la charge du système; et, ce qu'il y a de plus fatal, c'est que le système est tellement opposé au principe de 1830, qu'il peut bien approuver ces raisons et ne pas les suivre: il craint qu'on ne lui pardonne jamais le divorce qu'il a fait avec le peuple.

Voter les lois, sous l'inspiration de la haine, justifier de son droit au mépris public, tel fut le rôle de la majorité des Députés en 1835. On regrette généralement qu'elle soit partie sans avoir défini ses définitions.

Les lois de septembre de moins, ni le système ni les

hommes de la presse n'auraient jamais montré tant de hardiesse en sens opposés l'un de l'autre ; le système doit se prendre de l'opposition tranchée de la presse à cette interdiction légale qu'il a prononcée contre la masse des écrivains au profit des plus riches d'entre eux. Chacun de ces hommes se serait mieux observé, et surtout épuré davantage, s'il avait pu craindre qu'un autre plus habile que lui ne profitât de ses fautes pour le remplacer dans l'estime publique. Les deux parts, et système et presse, généralement parlant, mettaient moins de mauvaise foi dans leurs discussions, et cette amélioration profitait au système comme à la liberté. Sans doute, le système a trouvé bien plus commode de se débarrasser des 99 centièmes des intelligences de tout âge et de tous les rangs ; mais il n'a trouvé que l'abîme au fond de cette si admirable politique, comme on le dit en certain lieu : l'une des premières conditions d'un système, c'est de n'avoir aucun autre parti que le parti national à satisfaire ; c'est d'éviter qu'il ne se groupe autour de chaque écrivain un parti formidable, prêt à s'emparer d'une faute nouvelle ou même d'un malheur survenu à la personne du Roi, pour faire valoir ses prétentions par la presse ; et quand il est impossible d'accomplir un tel dessein sans détruire une loi dont les effets sont à la fois si menaçants et si terribles, il faut bien en finir avec une telle loi.

La liberté d'écrire et de tout dire a ses limites naturelles, qu'il n'est donné à personne de franchir. S'agit-il d'un homme politique, ou de tout autre personnage ? vienne la presse s'attaquer à sa réputation, à son honneur, calomnier ses intentions, déprécier toutes ses actions, cet homme n'a pas besoin des lois de septembre pour défendre ses droits ; il peut s'en tenir au droit commun et trouver dans les lois ordinaires une sauvegarde suffisante contre des attaques imméritées ; il peut répondre par la presse et mettre à la charge de son adversaire les méfaits qu'il lui reproche ; il peut tout enfin, excepté l'empêcher de parler ou d'écrire, excepté lui ravir l'usage de l'une de ses facultés la plus précieuse. Si les hommes ont leurs défauts, le génie a ses écarts ; le refoulera-t-on dans le néant de la pensée ? L'arbitraire peut l'annuler complètement, la liberté lui sert à s'envoler dans les cieux. Veut-on que le progrès s'arrête, que les peuples restent affaissés sous le poids des vérités officielles ou légales, quand il est de son intérêt de ne courber sa tête que devant la vérité elle-même ? Disons-le donc sans cesse, la plus urgente de toutes les mesures à prendre est, sans contredit, le rétablissement de la liberté de la presse. Il n'y a pas un instant à perdre, les avantages de cette mesure seront incalculables, on peut s'attendre au succès de la presse raisonnable et des bons principes; ce succès sera dû aux nobles efforts de la concurrence, au poli du langage qu'elle introduira dans certains journaux, et personne n'aura rien à craindre des écrivains politiques, quand ils seront obligés, pour se maintenir au faîte de la puissance morale, d'employer des termes mesurés et convenables.

Le système n'a pas d'autre chemin à suivre; il ne peut vivre que par l'intelligence; il ne peut se maintenir ni se transmettre que par l'opinion, et l'opinion n'est plus et ne sera jamais avec lui, tant que les lois de septembre ne seront pas abrogées. Qu'il se rassure, le système, plus le peuple s'éclairera, moins le peuple sera dangereux pour lui; et quel moyen le peuple a-t-il donc pour s'éclairer, quand il entend toujours le même langage, quand les mêmes hommes lui prêchent toujours les mêmes doctrines, quand il a eu l'imprudence d'accorder à ces hommes le bénéfice de la parole, sans le moindre contrôle? Singulières gens que nos maîtres, il ne serait pas impossible d'admettre à la rigueur qu'ils voulussent faire le bien, ils font le mal par ignorance; sans doute parce qu'ils ne veulent pas aller au fond des choses, parce que, disent-ils, ils ne veulent rien déranger, c'est absolument comme s'ils avouaient qu'ils préfèrent le suicide à l'existence, la nonchalance au travail régénérateur de l'esprit et de la pensée. Où vont-ils? ils n'en savent rien. Que veulent-ils? c'est leur secret; au bout du compte, ils se laissent périr comme des enfants, faute de se secourir; ils suivent la barque au lieu de la mouvoir; et, ils cherchent à savoir de quel côté leur viendra le coup fatal, sans reconnaître qu'ils ont eux-mêmes creusé leur tombeau.

Législateurs actuels, faites vous-mêmes, avec ordre, une révolution dans la presse; sauvez le roi et l'hérédité royale, bon gré mal gré le système ; n'opposez plus vos prétendues convictions à cet immense besoin de la pensée, et pour tout dire, ne vous heurtez pas contre la raison ! Songez qu'il y va d'un principe social tout entier, que le chaos peut renaître et engloutir toute une génération; songez encore à votre patrie humiliée, abaissée sous le joug de l'étranger; pesez les fautes de vos devanciers et jugez-les à l'aide de votre initiative ! Ne vous laissez point endormir surtout par les apparences d'un calme plat que le moindre bruit peut émouvoir, sachez fixer le paratonnerre avant l'orage. Que la presse libre soit toujours, en tout temps, dans toutes les occurences, la boussole de la France, qu'elle lui montre le comte de Paris quand elle aura perdu son Roi; et, s'il se trouvait au pouvoir, parmi les ministres, je suppose, un vieillard capable de concentrer toutes ses jouissances dans la contemplation d'un énorme coffre-fort, sachez lui faire entendre que tout homme cupide est incapable d'une seule idée généreuse, et songez qu'il ne peut pas avoir, lui seul, plus d'esprit que tout le monde; que n'apprenant plus rien depuis longtemps, il a dit tout ce qu'il savait en matière de gouvernement. Réfléchissez, enfin, que le sort de la France et de l'Europe est lié à vos résolutions.

Les innovations sont dangereuses, qui en doute? Elles le sont moins aujourd'hui qu'elles ne le seront plus tard, et, qui peut donc se flatter d'affirmer la durée des lois de septembre? Qui peut se flatter de faire tête à l'opinion publique massée contre elles? L'avenir est pour l'abolition, et dès lors, ne serait-ce pas sagement agir que de les abolir par une loi, que de s'emparer des esprits par l'évidence d'un bienfait accordé ? Les écrivains, n'ayant plus d'autre guide que l'opinion publique, seraient bien obligés de s'y conformer; ils ne plaideraient pas pour la république quand ils verraient que la France, avec ses corrompus, n'est pas digne de cette forme de gouvernement; ils ne plaideraient la cause d'aucun autre prince, quand ils seraient contraints d'admettre que rien ne manque aux besoins de la civilisation. Il s'en trouverait d'assez mal élevés pour soutenir une thèse déraisonnable, que le mieux encore, serait de les parquer dans leur isolement ; au lieu de les assommer en pleine rue ou de chercher à les flétrir par le résultat d'une condamnation trop éclatante.

Le contre-coup de l'abolition de ces lois se réduirait donc à un retour aussi prompt que décisif au principe de Juillet, à un simple changement de système; et si ce changement de système, tellement redouté, n'est pas moins inévitable, si on s'y attend de toutes parts, si les rois étrangers en ont déjà pris leur parti, à quoi bon retenir une chose qui nous échappe, et, quelle raison peut-on avoir pour ne pas diriger soi-même la transformation si redoutable qu'elle soit, au lieu de courir la chance de s'ensevelir sous les ruines d'un système? plus on y regarde de près, plus on s'aperçoit du précipice, et cependant nos rétrogrades croient avoir beaucoup fait pour la patrie, sans doute, quand ils ont reculé d'un mois, d'une décade, d'un jour, la solution d'une difficulté sociale, comme si le peuple n'était pas toujours là, immortel relativement au système qui s'en va, qui est déjà mort. De deux choses l'une ou le système revivra ou la révolution marchera ; le système s'arrête, s'il n'est pas tout à fait mort : on en conviendra, la loi de son existence lui commande de poursuivre sa marche ; hé bien, il n'ose plus se produire, il n'ose pas même s'avouer; c'est dans l'ombre d'un scrutin secret que nous l'avons vu, ces derniers jours, s'avancer au combat. La lumière, lui dévoile donc son aveuglement, il comprend enfin, qu'il n'est plus Français! qu'il a mis le cachet à sa honte en payant des deniers publics, l'affront fait au pavillon national dans l'Océanie : réduit à une telle extrémité, le système songerait encore à se maintenir ; c'est bien en paroles, mais en actions c'est impossible, on ne peut se survivre à soi-même.

Enfin, ces lois servent-elles à quelque chose, à maintenir le système, alors il faut les conserver ; mais le système est mort, donc elles ne l'ont pas soutenu.

Le système ira-t-il bien loin avec ce cortége d'écrivains salariés qui, au lieu de le défendre, ont fait connaître tous ses vices, qui ont voulu ériger tous les genres de méfaits en autant d'actes vertueux, transformer ses lâchetés en une prudence éclairée, donner l'égoïsme pur pour de la grandeur d'âme, la nullité la plus profonde pour une sagesse plus profonde encore : toutes ces flatteries n'ont fait illusion nulle part, elles n'ont pas pallié les torts du système. Admettez donc que la presse soit libre, que toutes les questions puissent se vider à armes égales, l'ordre constitutionnel seul, au lieu d'un simple système, l'emportait par la force des choses. La rançon Pritchard ne retombait pas sur le système seul, elle ne pesait sur personne, elle était réglée avec du fer au lieu d'être escomptée avec des écus : toutes ces belles choses seraient l'ouvrage de la presse libre, et on n'aurait pas à regretter aujourd'hui que le système se fût compromis, qu'il eût exposé la dignité de la France, et que d'une mauvaise action il en ait fait deux: la première en ce que le système ministre a concédé le principe d'une indemnité en faveur des Anglais; la deuxième, en ce qu'il n'a pas cherché à pallier sa faute en payant de sa poche la dette supposée; au moins, il aurait, par cette conduite, atténué ses torts, et fait preuve de son respect pour les susceptibilités nationales.

ÉMEUTES, ASSASSINATS.

Nous ne sommes plus au temps où le système se donnait la satisfaction de traquer les idées libérales dans la rue ou dans un carrefour; les émeutes sont, dieu merci, comprises par tout le monde, chacun voit clairement aujourd'hui que le système seul faisait ses affaires dans les émeutes, qu'il sauvait trop souvent la patrie et qu'il prenait l'habitude de se dispenser de toutes bonnes raisons quand il avait, disait-il, pourvu aux intérêts de l'ordre.

Ministres et émeutiers, ces personnages appartiennent à l'histoire, essayons de retracer les principaux traits de leur caractère, d'abord, règle générale ; aperçoit-on un régiment de grosse cavalerie tenant toute la rue par douze et quinze hommes de front, débouchant au grand galop le sabre au poing, on peut se faire ce raisonnement : Le système croit à la possibilité d'une émeute, ou il a vu une émeute, dans tous les cas, il veut prévenir une émeute, ce premier point admis, il pousse devant lui tous les passans et les habitants du même quartier, lui fera-t-on crime de ne pas les connaître ! Plus loin, il est clair qu'il a déjà le droit d'interroger chacun d'eux sur la raison qui lui faisait préférer le devant de sa porte à l'intérieur de ses appartements et que s'il ne s'en explique pas d'une manière convenable, il touche de près au républicanisme : supposez que, soit imprudence ou étourderie, une personne ne veuille pas se laisser mener d'une rue à l'autre, et qu'elle se retourne, vous devinez sans peine qu'elle se trouve face à face avec la force armée ; ce n'est pas là de la résistance, mais peu s'en faut ; et si d'autres personnes se permettent d'imiter un tel exemple, il s'ensuit un embarras sur la voie publique, un rassemblement, un attroupement ; le peuple tient la rue, le ministère peut l'occuper aussi ; il peut faire ses trois sommations de rigueur ! le moyen d'obéir ? la foule augmente, l'émeute est constituée. La force armée peut se défendre, elle pourrait même attaquer, l'attaque fait partie du droit de la défense ; elle n'attaque pas, tant mieux, mais elle attend de pied ferme, elle a déjà le droit pour elle : vienne une autre portion de la force armée par un autre bout de la rue, et, c'est possible, le ministère n'emploie pas moins de cent mille hommes dans ces sortes de combats, le peuple stupéfait se trouve au beau milieu de la force armée, en plein ordre public, il ne peut ni avancer ni reculer : malheur à l'imprudent qui ferait usage d'un mouchoir de poche fond rouge, qui l'étendrait par mégarde ; de loin, les yeux de la police y découvriraient un signe de ralliement, et c'en serait fini de lui et de son entourage, peut-être, s'ils ne se rendaient tous à discrétion ! malheur à ceux qui auraient reçu quelque lettre inintelligible, la police peut y trouver la preuve d'un complot, commenter cette lettre dans son journal du soir : dès le lendemain la banlieue tombera sur la ville, enseignes déployées, les magnifiques épaulettes rehaussant la fierté patriotique du plébéien qui doit tant d'éclat au suffrage de ses concitoyens. La jonction se fait dans l'intérêt de l'ordre public : le beau coup-d'œil.

De leur côté, les impatients du parti contraire, qui n'étaient pas présents lors de la formation de l'émeute, qui n'en savent que ce qu'ils ont appris par les journaux du ministère, ces progressistes déterminés auront, comme tant d'autres, la bonhomie de croire à quelque chose de sérieux ; ils voudront secourir des frères pris entre deux feux, et se feront tuer ou *empoigner* ; le ministère les mettra à part, ceux-là, pour les faire juger et conduire au mont Saint-Michel.

La leçon tant de fois répétée sera-t-elle perdue pour la jeunesse ? Elle n'a rien obtenu par les émeutes : les prisons, l'exil et la mort, tel a toujours été son lot ; les ministres ont fait sortir les majorités de l'émeute, le profit qu'ils en ont retiré dans l'intérêt de leur système est incalculable ; ils se croyaient si habiles, et cependant ils ne faisaient rien *comme fondateurs :* au jour le jour, nos seigneurs, et rien de plus. De la sorte le ministère était toujours prêt à vous répondre : si vous lui parliez dans la presse ou à la tribune, il vous réfutait par un argument tiré de la rue ; si vous lui teniez tête dans la rue, il vous renvoyait à vos journaux ou à la tribune pour défendre vos droits, en attendant il prenait ses précautions pour que vous ne puissiez faire ni l'un ni l'autre, et il se proclamait sauveur, il recevait les félicitations de l'étranger, et il échangeait le large sourire avec ses compères de la veille : quant aux gardes nationaux pur-sang, il les éconduisait, sans oublier toutefois de leur casser les doigts dans les étreintes de la camaraderie.

Rappelons-nous que l'émeute vraie ou supposée a toujours augmenté la force du ministère ; il fut un temps, cependant, où les meilleures dupes elles-mêmes témoignaient un certain étonnement de ce que l'émeute n'amenait toujours que des républicains devant leurs juges naturels, les pairs de France ; on leur répondait, à la vérité, qu'il n'y avait pas de légitimistes à Paris ; cela ne suffisait pas : peu s'en fallut que le ministère n'eût recours à un admirable moyen, consistant à faire venir à Paris tous les légitimistes des provinces : cette combinaison manqua son effet parce qu'elle pouvait pécher par la vraisemblance, et avant tout, il ne faut pas s'écarter de la vraisemblance ; au surplus, il y avait peut-être un inconvénient à réunir tous les royalistes sur le même point, au milieu de la capitale : on a pris un parti, et le moins mauvais de tous, on s'est décidé pour la Bretagne, la raison en est toute simple ; c'est que la civilisation beaucoup plus avancée dans la Bretagne qu'elle ne l'était autrefois, ne permettait plus d'y redouter une émeute sérieuse, et qu'on pouvait y conquérir à peu de frais le titre de *juste-milieu*, autrement dire ennemi de la royauté et de la république. L'idée était *simple*, le mot avait son côté séduisant ; y a-t-il rien de plus suave qu'une émeute sans périls? Comment faire pour trouver à présent, même dans le bocage, des êtres à figure humaine adorant la royauté à l'égal de l'être suprême, et confondant les idées les plus profanes avec ce qu'il y a de plus sublime dans les cieux ; l'embarras consistait à trouver des conspirateurs qui vinssent se présenter sur un terrain déjà battu par la tempête politique ; l'urgence commençait à se faire sentir, on respirait dans les Chambres et dans la capitale, on y était privé d'émeutes, on n'en voulait plus, voilà le mot, et le ministre ne songeait pas moins à rallier tous ses partisans sous le drapeau de la peur, et personne ne remuait dans le bocage, personne qui lui donnât une occasion de déployer sa force et son courage. Venez donc, madame la duchesse, venez en aide au système! que votre chevelure artistement nouée sur vos épaules vous donne à la fois les attraits d'une princesse et tous les dehors du désespoir; et vous, nobles chevaliers, venez vous ranger sous le drapeau de la fidélité, tel est le vœu de la duchesse, tel est le besoin du système; cette fois l'appel fait à l'amour fut entendu, peut-être! Mais l'appel fait à la discorde resta sans effet. Les nobles sans les vassaux ne sont rien ; et les vassaux ont disparu sous les coups que leur a portés le fameux principe de l'égalité : les ancêtres étaient des vassaux, les petits-fils sont des citoyens; ils connaissent leurs droits; le sang a coulé dans la Vendée; le sang, cette fois, a profité à l'humanité et à la civilisation.

Madame la duchesse parcourut tout le bocage, elle était bien libre, personne ne l'en empêchait: les autorités, si clairvoyantes à Paris, ne s'apercevaient par là de son passage qu'après son départ; elle marchait à petites journées comme un bourgeois, déjeûnait chez l'un, dînait chez l'autre, se reposant de ses fatigues dans le sein d'une cour brillante, au milieu de ses sujets; le lendemain elle ne se gênait pas davantage. Eh bien, ni messieurs les ministres ni leurs délégués ne savaient jamais où elle était; ils mettaient tous leurs soins à emplir les vastes colonnes de leurs journaux de détails sur les projets contre-révolutionnaires de madame la duchesse, sur les conséquences d'une invasion du principe monarchique, sur la nécessité de se tenir ferme entre la royauté et la république, sur l'utilité du juste-milieu, etc., etc.

La distance voulue par les principes de ce genre de guerre, entre les troupes du ministère et le canapé de Madame la duchesse n'était pas moindre de trois à quatre myriamètres: les soldats de Juillet la cherchaient tout de bon; ils ne pouvaient aller où on ne les menait pas. La discipline leur ôtait la parole, et s'il s'en trouvait un seul qui s'égarât dans la bonne route, qui découvrît la princesse, vite on lui donnait la croix en échange de sa vertu citoyenne, on lui enjoignait de s'occuper de son service et de ne pas se mêler de politique. Cependant, il fallait ou donner un passeport à Madame la duchesse ou fondre sur elle, les armes à la main! L'entreprise tournait du comique au ridicule: une bonne partie de l'armée perdait patience; de toutes parts on attendait un dénouement; il s'agissait bien de dénouement, suppose-t-on, par exemple, que le système va se donner la peine de rechercher Madame la duchesse quand elle est dans un petit hameau, sous sa main; la belle gloire pour lui de la trouver quand elle se montre; il faut qu'elle soit cachée pour qu'il la trouve; s'il en agissait autrement, il ne pratiquerait pas le beau du métier, il ne s'avantagerait pas des circonstances qui lui sont le plus favorables. Ne vous semble-t-il pas qu'au lieu d'être surprise, la princesse poussée en avant par les troupes, doit nécessairement se réfugier dans une grande ville ; que là, elle posera son camp sous les toits d'une maison dont les dehors ne puissent trahir sa présence : que nous touchons à un 5e acte dans lequel messieurs les ministres de l'époque donnent une représentation de l'émeute parisienne sur un théâtre de province : ils font cerner la ville de Nantes, fermer toutes ses portes ; ils mettent la garde nationale sur pied pendant toute la durée de la scène, cinq jours, cinq nuits : le plaisant de l'affaire, c'est que les gardes nationaux assiégent eux-même leur ville ; qu'ils sont assiégeants et assiégés, les uns sont de Sagonte, les autres de Carthage.

Les ministres pour mieux découvrir la retraite de la duchesse fouillent les palais de la noblesse, à cela rien à dire ; la garde nationale est bien obligée d'avouer que la vraisemblance veut que la duchesse soit avec les nobles ; s'ils déterrent çà et là quelques papiers de famille, ils ont bien le droit de s'en saisir et d'y rechercher les indices d'une conspiration carliste. Vient enfin le moment d'en finir, c'est quand les gardes nationaux en ont assez avec leurs patrouilles et les bivouacs et qu'ils témoignent de leur désir de rentrer au comptoir : tout à coup, le ministère dirige ses efforts sur un seul quartier de la ville, puis sur une seule rue, puis... sur la maison où il devine, alors, le rusé ! que la princesse s'est cachée.

Taillez vos plumes, écrivains du système, embouchez la trompette de la renommée et de la gloire, ne perdez ni un seul geste ni un seul mot de cette mémorable journée, le système s'apprête à bien trahir la vérité ; il rit dans sa barbe, il en est peut-être au plus énorme mensonge politique qui lui soit encore échappé ; il en est tout glorieux. La joyeuseté et la gracieuseté dérident ses traits ; le moment est favorable pour lui demander tout ce qu'on voudra, excepté des institutions ; en ce jour il n'est pas seulement la terreur des républicains, il va jeter l'épouvante dans les rangs du carlisme ; à ces hauts faits il joindra le nom de juste-milieu, une fois de plus la France sera sauvée !

L'ennemi ne s'encouragera pas de la mollesse du système; il est dur pour la duchesse et impitoyable pour les siens ; l'approche du danger a raffermi ses esprits, mais, ô honte, ô douleur ! pas la moindre résistance, la princesse se rend à une première attaque, serrée de près, elle oblige un aimable vainqueur à faire le siége d'une cheminée; c'est là qu'elle s'est réfugiée, pour se moquer de lui, parce qu'elle s'était aperçue qu'il avait finassé avec elle dans un intérêt tout personnel, et qu'elle ne serait pas fâchée qu'on le prît, lui son ennemi, pour un ramoneur. C'est là qu'il la trouve blottie, avec son état-major, dans tout son éclat, rehaussé par le contraste qu'elle a su ménager entre le noir d'un pareil lieu et la fraîcheur de son teint. Plus puissante comme princesse que comme guerrière, elle retrouve sa dignité quelque peu compromise par la politique, et elle commande dans le lieu même de sa défaite.

Les honneurs lui sont à l'instant rendus; le lieu où on feint de la diriger, c'est une prison, oui, pour la masse des croyants, oui, pour les abonnés d'un journal salarié; en réalité c'est un hôtel digne de la recevoir; où elle trouve le confortable et tous les genres de consolations en attendant qu'il plaise à M. le grand ministre, fin politique, d'ordonner du sort de la coupable. Quel crime lui imputer? quels témoins invoquer, les passe-temps de la duchesse n'avaient rien de politique, la révélation de ses aventures, rien de bien surprenant, cependant le système avait fait croire à une tentative sérieuse de guerre civile; il l'avait assez proclamée dans les journaux, il ne pouvait plus s'en dédire, à moins qu'il n'avouât que les troupes nationales avaient passé par un ingénieux tour de sa façon: voilà de ces choses qu'on ne peut pas dire, si effronté que l'on puisse être. Le système a jugé lui-même cette grande affaire; inutile de recourir ni à la haute cour ni aux lumières des jurés : il ne doutait pas, lui, que plus tôt ou plus tard la duchesse serait reconnue innocente, qu'elle emporterait la palme du martyre s'il s'avisait de la mettre en jugement; il sauta donc à pieds joints sur toutes les lois de la monarchie, et le ministère osa donner la grâce quand la condamnation n'était pas prononcée. C'est du bon plaisir tout pur, c'est du despotisme s'il en fut, c'est la liberté du peuple enterrée sous les convenances personnelles ; c'est le désordre au sein des lois, car l'humiliation du peuple et de la puissance judiciaire, c'est le mépris pour les droits des citoyens et pour les fatigues de l'armée : et il ne s'est pas trouvé une seule Chambre qui ait protesté contre la déloyauté du ministère. La politique, toujours la politique, jamais les lois, et vous appelez cela fonder un système, et vous croyez que d'affront en affront la France ne finira pas par en avoir assez d'un tel système : les lois, sont faites pour les moments difficiles, si elles n'existent plus, alors, il ne faut pas de codes, la charte n'est qu'un vain mot : ses dispositions les plus favorables au pouvoir cessent de commander le respect. O temps, ô mœurs, l'omnipotence des ministres est-elle de ce siècle? les verrons-nous sans horreur sévir avec inhumanité contre les républicains, et reconduire dans un magnifique attelage les royalistes à la frontière, l'égalité foulée aux pieds, la justice détrônée, voilà leur ouvrage. Quelle est donc la différence faite par la loi pénale entre un républicain et une princesse de sang royal ? Jeanne luttant seul contre toutes les forces de la France, valait-il bien une duchesse ? qu'ont-ils fait de Jeanne, la haute cour l'avait-elle condamné à mort ? Jeanne n'était pas duc, mais il était digne de vivre; l'arrêt qui l'a frappé lui laissait la vie : ils sont bien venus ensuite à s'étonner de ce que le maniement de la chose publique est si difficile, à mendier des secours à la pitié des citoyens. Qui peut donc approuver des hommes à double face, implantés sur le sol de l'honneur, avec deux poids et deux mesures ; des hommes, qui distinguent entre les criminels, quand la loi ne distingue pas, quand elle frappe sans pitié à droite et à gauche, est-ce ainsi qu'on administre un grand pays ? Brutus poussa trop loin l'application du principe sacré de la justice ; il pouvait faire grâce après avoir condamné, sa vertu romaine ne l'obligeait point à un sacrifice cruel ; le grand peuple étonné de sa sagesse l'eût relevé d'un terrible serment ; il a versé son propre sang, mais il s'est montré rigide observateur des lois de son pays; il sauva la république par l'énergie de la repression. Eux, ils mettent la France à la merci du premier venu; ils innocentent par la qualité du coupable : ducs, princes, barons, égorgez les Français, brûlez leur demeure, saccagez leurs moissons, faites des veuves et des orphelins, le ministère vous reconnaît ce droit, il ne vous demande pas même un compte de votre conduite, il ne prend aucune précaution contre le retour d'une semblable monstruosité, et il est tout prêt à semer de fleurs la route que vous aurez semée de deuil et de sang! tel système se croit donc bien utile à la France, bien indispensable, bien impossible à remplacer, qu'il se permette de semblables violations du droit public : ne peut-il pas se contenter d'être à peu près le maître de choisir sinon les juges, au moins la juridiction qui lui convient et nous estime t-il si peu qu'il ne doive masquer sa trahison d'un faux-semblant de légalité : la France est-elle tombée si bas qu'elle soit devenue la proie du premier venu, qu'elle soit trop heureuse de ce qu'on veut bien toucher son argent sans rien faire ni pour sa grandeur, ni pour sa prospérité, ni pour sa gloire : le labeur de ces hommes se réduira-t-il à un travail de décomposition sociale, est-ce là tout ce qu'ils savent faire? à en juger par le passé on serait tenté de le croire : leur audace ne se trahira-t-elle point, oseront-ils s'accoutrer de juste-milieu, quand ils sont en plein despotisme, qu'ils viennent ajouter l'odieux de leur insolence à l'hypocrisie du serment, et nous demander 1500 millions pour nous gouverner de la sorte!

Je le crois bien, il faut des lois dures, sévères, inhumaines, à des hommes qui tiennent une ligne opposée à la droiture; ils ont besoin de remplacer par la terreur l'entente cordiale, qui leur manque en France comme en Angleterre, et de tenir suspendues sur nos têtes toutes les inventions de leur politique déloyale.

Quelle est donc la raison, maintenant de la détention de Napoléon II ou III. Il a voulu faire de la guerre civile, la duchesse de Berry a fait de la guerre civile; il a voulu remplacer le Roi, que voulait donc la duchesse? Le but était le même, les moyens seuls différaient ; et de ce que Napoléon avait plus de chance de succès, ils en infèrent qu'il faut être plus sévère, comme si la sévérité elle-même n'était pas une arme contr'eux. Qu'ils y prennent garde ? Ils en usent sans ménagement avec les républicains, avec les impériaux ; à force d'inconséquences ils finiront par faire supposer, au détriment de l'ordre public, que la France craint très-fort ce genre d'ennemis, et s'ils mènent l'affaire napoléonienne de ce train, jusqu'à la fin, ils exposeront la France à perdre la garantie la plus essentielle de sa charte, et ils ne seront pas contents qu'ils ne l'aient amenée à sympathiser avec des souvenirs. Voilà ce que c'est de ne pas faire son devoir, de prendre conseil des circonstances, au lieu de plier sous la loi que souvent on a fait soi-même. décidément, l'avenir de nos institutions est confié à des mains impuissantes, inhabiles ; on ne peut voir sans effroi le sort de tout un peuple livré à une impéritie que rien n'égale, si ce n'est un entêtement opiniâtre puisé à la maudite école du doctrinarisme mêlé de droit divin. Le tout pour aboutir à n'exécuter point, quoi? La loi, à ne pas se mettre en garde contre quoi? L'avenir. Y a-t-il rien de plus révoltant qu'un semblable système : oh ! *profonde sagesse* ou *sagesse profonde*, oh ! danger d'une presse salariée, ô abominables fonds secrets. Voilà votre ouvrage.

Si je ne me trompe, il en est du second moyen de gouvernement comme du premier ; et à part tout sentiment d'honneur, il n'est pas plus possible de raviver la guerre civile royaliste, que la guerre civile républicaine ; il y a long-temps déjà que le système, faisant son bilan, a dû renoncer à ces bonnes fortunes que lui apportaient ses imprudents ennemis, et, qu'au lieu de les compter à son actif, il doit en gréver son énorme passif, et se munir, s'il le peut, contre l'indignation universelle soulevée par tant de leurres : on doute très-fort aujourd'hui qu'il soit bien vrai que les républicains ou la duchesse soient venus de leur propre mouvement offrir le combat au système, on n'est pas bien sûr que ceux-là même qui étaient les plus coupables demandassent autre chose que ce qu'on ne donne pas plus aujourd'hui qu'aux jours malheureux de la guerre civile, *quoique* les républicains soient presque tous morts dans les fers, *quoiqu'ils* ne réclament plus rien (je parle de ceux qui ont survécu au supplice de l'isolement); *quoiqu'elle* (je parle de la duchesse de Berry) s'en tienne à une seule campagne, et enfin *quoiqu'il* (je parle du peuple) attende bien patiemment, en apparence, la réalisation d'un programme *quelconque*.

Le mot de juste-milieu dont le système s'était si habilement coiffé a disparu comme tout le reste; on a enfin compris que le juste-milieu ne pouvait servir d'enseigne à aucun parti politique, que plus on se flatterait de marcher sous une telle bannière, plus on se couvrirait de tous les genres de ridicule: l'inventeur lui-même a été enterré sous son invention; un rire universel accueillit sa découverte, et n'eût été sa haute et puissante renommée il tombait sous le sarcasme amer qu'un faux zèle lui avait attiré; tant il est vrai qu'il n'est permis à personne de se placer en dehors de toute convenance, d'insulter au bon sens et à la dignité du langage par la réunion de deux mots pleins de souvenirs blessans: l'orateur s'oubliait alors, ou il ne se souvenait plus de ces maximes brillantes tirées *juris et de jure*, qui avaient fait sa renommée.

Certain murmure puritain, lui donna sans doute à entendre qu' l n'était pas si facile d'échanger la peau d'un tigre contre la peau d'un agneau; que, si engoué qu'il fût du système doctrinaire, il ne pouvait, sans dol, en cacher les plus honteuses turpitudes sous le charme de l'expression, ni montrer, par une faiblesse inexcusable, tant d'ardeur pour la politique des mots, ou pour les tableaux à double face: il se sera rappelé, c'était son droit, *suum jus*, qu'un orateur doit toujours être dans le vrai, qu'il ne soit pas au pouvoir, qu'il y soit, ou qu'il le souhaite! il n'a plus, aujourd'hui, qu'à conformer ses actions à ses paroles pour démontrer qu'il a su profiter de la leçon.

Passons à l'assassinat.

Les partis, dit-on, se combattent par tous les moyens possibles, celui qui a le dessus n'a rien fait encore pour sa domination, s'il n'a point passé par la période obligée des assassinats. C'est de cette époque seulement que date la consolidation de sa puissance. Il faut donc établir en principe que si un parti a le bonheur d'être assassiné sans être victime de l'assassinat, ce parti a subi l'épreuve malheureusement nécessaire à son installation et peut compter ensuite sur un avenir plus ou moins prolongé.

De cette maxime, tirée de l'histoire, résulte un fait bon à constater, c'est que le parti assassin doit être le vaincu au moment où se produit le crime, autrement on ne concevrait pas comment le parti qui n'est pas vaincu, qui a pour lui la presse et la tribune va se donner la honte du crime, quand il peut tenir tête à son adversaire par tous les moyens imaginables; et, si au lieu d'être vaincu ce parti est le vainqueur ou va le devenir, soit par la presse, soit par les élections, on est bien obligé de convenir qu'il n'a nul besoin de recourir au plus odieux de tous les crimes pour réaliser ses projets. Or, en admettant, ce qui n'est pas, que le parti de la charte eût rien de commun avec les émeutiers, que ces derniers fussent vaincus, on ne peut aller jusqu'à soutenir que le parti de la charte subit la même défaite que le parti de l'émeute : on sait bien que telle est la prétention du système, mais on est loin de lui accorder ce point. Un premier défaut se remarque donc dans la combinaison du crime organisé par un parti contraire ; ce défaut ne va rien moins qu'à l'impossibilité absolue. Le parti national ne fut jamais et ne sera jamais réduit aux expédients pour se tirer d'un mauvais pas. La première chose à établir contre lui, c'est qu'il fût le vaincu au moment où les assassinats politiques se renouvelaient d'un jour à l'autre : or, à cette époque, comme aujourd'hui, le parti national avait confiance dans la force de ses institutions, il voyait l'impuissance de ses ennemis et faisait à peine, au système, l'honneur de le comparer dans ses entreprises contre la charte au reptile mordant d'une lime. S'il est un point bien établi, c'est donc que ni le peuple de Juillet, en possession de la presse, ni la France, trop forte par son union, n'avait aucun intérêt à l'assassinat politique; ce n'est pas le tout, le crime ne sort jamais d'une combinaison politique, que les criminels n'en aient pesé les résultats, mesuré la portée ; or, il n'est pas possible que le parti national ou de la charte ait pu se méprendre sur les suites d'un assassinat. L'expérience de tous les âges a démontré que l'assassinat, même celui de César, n'a pas sauvé le peuple, qu'il n'a jamais produit qu'un changement dans les personnes et non dans les choses. Si l'assassinat ne pouvait point entrer dans les combinaisons d'un parti politique, opposé au pouvoir, à plus forte raison, il ne pouvait convenir aux organes publics, avoués du parti national ; la presse avait bien assez de puissance, dans ses savantes discussions, pour remettre chacun à sa place, sans viser de près ou de loin, à organiser le fanatisme du crime ; éclairée par elle-même, elle ne perdait jamais de vue que les bonnes raisons, pour être goûtées, ne doivent rien emprunter aux usages de la perfidie. Ainsi, plus on avance plus on s'aperçoit que l'assassinat ne pouvait avoir pour moteur un intérêt politique sainement entendu ; et qui oserait soutenir que les plus nobles caractères, les plus beaux génies de l'époque, ceux qui tenaient l'opinion sous leur influence légitime et volontaire, ne fussent pas assez clairvoyants pour ne point donner dans un travers d'esprit, que cependant on leur a reproché. Les insinuations, les plus adroites réticences, n'ont au moins pas manqué, et si on n'a pas voulu en croire sur parole le parti dominant, il ne s'est pas fait faute d'exploiter la terreur, née du crime.

Qui donc a poussé les assassins? Ce ne sont évidemment pas ceux que les assassins ont blessés dans leurs intérêts, dans leurs affections patriotiques, dans leurs plus légitimes espérances? La révélation pourrait être erronée, mieux vaut s'abstenir et ne pas aggraver les torts de personne ; mais il n'est pas moins nécessaire de formuler une opinion nette et précise. Les assassinats appartiennent à l'histoire, ils doivent être jugés par elle, dans une catilinaire il faut devancer le jugement qu'elle en portera.

Les assassinats sont de deux classes bien distinctes, les uns, entre autres le premier, n'ont jamais été bien appréciés ni dans leur but ni dans leurs résultats, on a trouvé qu'il y avait si peu de bon sens dans la perpétration du crime, qu'on fût tenté de croire à une invention du parti rétrograde pour se maintenir dans son inaction ou refouler quelque projet de loi trop évidemment promis pour être complètement oublié. D'autres ont vu dans l'assassin, un politique sans cervelle, abandonné aux charmes d'une illusion dangereuse, désespérant de se faire jour dans le monde par un mérite ou un autre, et visant à la célébrité par un seul coup d'éclat. Le crime s'explique par une passion déréglée, mais il ne se justifie pas.

Reste à parler de la détonnation du boulevart du Temple : Certes, il n'est pas possible de mettre en doute ni le danger des assistants, ni la mort des victimes; il fallait un si terrible exemple pour donner une pleine et entière confiance dans l'assassinat politique. Là rien de hasardé, le calcul des assassins était clair, ils savaient que la bourgeoisie avait peine à contenir sa douleur parce qu'on égorgeait ses amis en Pologne, qu'un vif ressentiment contre la doctrine n'attendait qu'une occasion de se produire; ils comptaient également sur les déceptions dont le peuple était l'objet depuis la révolution de Juillet, et, forts de ces raisonnements, ils se mettaient à l'œuvre. Justice pleine et entière a été faite de ces hommes qui ne veulent pas admettre que l'assassinat ne sera jamais un moyen pour avancer les affaires d'aucun parti, et qu'il faut attendre ou que la lumière ait pénétré dans le conseil des ministres, ou que la France entière se soit prononcée contre eux.

Le crime expié, il n'y avait plus de criminels ? Le ministère en a trouvé; l'assassinat s'est confondu dans sa bouche avec l'émeute à peine étouffée, et il a exigé que la France immolât sa liberté sur les cadavres des assassins. On s'en souvient encore, il prenait à tâche d'immortaliser le souvenir du crime, il en distillait tous les sucs au profit de sa politique déloyale, de sorte que, revenu de sa frayeur, il passait de l'humilité la plus profonde à l'insolence du despotisme. On l'a vu, hypocrite avec ses semblables, sacrilége devant Dieu, se prosterner aux pieds des autels quand il n'avait jamais loué que ses boutiques; on l'a vu gonflé d'orgueil, se pavanant dans un formidable appareil de guerre, comme s'il avait voulu prouver en ce jour que la France regorgeât d'assassins, et que le pouvoir seul n'avait jamais commis le moindre petit assassinat. Il a beaucoup gagné le pouvoir à se remettre sous la ferrule de l'épiscopat, la tiare prend sa revanche, elle s'abat sur le temporel, qu'elle saisit par le spirituel, et lui rappelle que le serpent n'est bon à rien, si ce n'est à tuer celui qui le réchauffe dans son sein.

La prudence doit toujours être le guide de toute personne, en matière d'assassinat surtout, la prudence n'exclut pas la fermeté. Je puis donc revenir à ma thèse, parler des observations que chacun a faites, c'est que l'assassinat en général a toujours été comme l'émeute, de pair avec une exigence du moment; si l'un ne venait pas de la même source que l'autre, et je le reconnais formellement, il est fâcheux que l'assassinat ait toujours servi de réponse au raisonnement le mieux fondé et le plus logique; le moyen de faire croire aux plus incrédules comme aux bons citoyens, qu'aucune connexité, qu'aucun rapport ne se trouvait entre le fait et le droit, c'était de déplorer le fait et d'accorder le droit. L'a-t-on fait? Non, on a toujours refusé ce qu'on ne pouvait plus différer sans la circonstance douloureuse de l'assassinat; on est allé si loin en ce genre qu'il est bien permis de croire que l'assassinat, celui qui ne faisait pas de mal au Roi, surtout, et Dieu merci, aucun assassinat n'est venu attrister la France, ni par la mort, ni par une blessure du Roi, ne déplaisait pas trop, je ne dirai pas au ministère, mais au parti politique qui osait l'exploiter dès le lendemain, qui ne s'en cachait guère, qui vomissait la menace et l'injure contre le parti national, qui osait le rendre solidaire du crime : tout cela s'est vu, archi-vu; il n'y a que les personnes de bonne volonté qui ne s'en soient pas aperçues, que j'appelle des personnes à émotions, auxquelles il faut toujours quelque chose d'extraordinaire pour expliquer les choses les plus simples; et, en effet, supposez que le ministère en soit à l'endroit de ses comptes où il n'est plus possible de justifier sa dépense, alors il est facile de concevoir que sans être le complice de l'assassin, il est le bénéficiaire du crime; qu'au lieu d'apurer le compte, il va rendre grâce à Dieu de ce qu'il a sauvé des jours précieux; supposez encore que le ministère ait promis d'appuyer une seule loi favorable au peuple, que cette promesse commence à vieillir, et que le temps soit venu de tenir sa parole, qu'il soit même forcé de la tenir, que vous semble-t-il, d'un assassinat tombé à point au moment de la discussion, coupant court à celle-ci et permettant au ministère de renvoyer aux calendes grecques une réforme, indispensable, et néanmoins préjudiciable à l'intérêt du système? vous ne direz pas pour cela que le ministère est un assassin, mais vous conviendrez que le système est deux fois heureux dans le même jour, la première, avant tout, parce que le Roi n'est pas blessé; la seconde, parce que les ministres n'ont plus que l'assassinat dans la bouche pour atterer des adversaires politiques, pour les obliger à réintégrer en eux-mêmes leurs projets de réforme. Les assassins ont toujours surpris le ministère dans le moment où il était le plus embarrassé, et quand la France comptait le plus sur le programme de Juillet; il est bien heureux, extraordinairement heureux qu'on soit débarrassé pour toujours, *sans doute*, de ces forcenés, à présent qu'à force de demander sans rien obtenir, l'opinion a fini par se contenter de ce qui est, le ministère est maître du terrain : il a tout le temps possible pour veiller sur les jours du Roi; et ne s'est pas moins fait adjuger gardes municipaux et sergents-de-ville par milliers; il a dû ce surcroît de bonheur à ce surcroît d'inquiétude provenant soit des assassinats, soit des émeutes; on lui demandait des institutions, il s'est donné des sergents de ville, on lui demandait de la liberté légale, il s'est donné des gardes municipaux à pied et à cheval; tout cela coïncide, tout cela ne va pas l'un sans l'autre. Dieu soit loué d'avoir sauvé le Roi; il nous a démontré le bienfait de la royauté, il nous a fait comprendre à quel prix le ministère veut bien se donner la peine de gouverner, il lui faut tout ce surcroît d'hommes de guerre, plus les sergents de ville en tirailleurs, sans compter les innocents fortins de l'intérieur, auxquels il a pris le soin de communiquer une inviolabilité plus que royale, en les entourant de grilles crenelées, d'abat-jour et d'auvent, comme s'il avait voulu nous présenter l'image d'autant de places de guerre, au lieu de nous prendre par nos sympathies envers les noyés et les asphixiés. L'ordre public est en sûreté, les passants le seront aussi ; vaut mieux le croire que s'en assurer par soi-même : le ministère a-t-il voulu fortifier Paris contre Paris, ou fortifier une faction contre le peuple, c'est sans doute ce que l'avenir nous apprendra; avenir bien triste, où les enfants d'une même famille se déchireront le flanc pour une abstraction politique, pour un système sans dignité. Espérons qu'il n'en sera rien ; il ne faut pas moins supposer que le système ne se croira jamais vaincu par les boules quand il a soin de prendre de telles précautions, il faut croire qu'il juge bien mal de son fait quand il ne rougit pas d'étaler ce luxe d'appareil de mort et de guerre civile. La Providence dont la main s'est visiblement étendue sur le roi, veillera sans doute sur le peuple, elle lui a donné l'immortalité, il a cela de plus que les ministres, elle protégera le peuple contre toute entreprise désespérée de ses ennemis (c'est déjà beaucoup qu'ils prennent la peine de se signaler eux-mêmes); l'erreur n'est plus possible ; et quand on a devant soi tout un troupeau de malfaiteurs, est-ce qu'il n'est pas permis de marquer chacun d'eux, et si, ce que je dis là, ne s'applique pas aux ministres, est-ce que le parti qui a osé se produire aux lieu et place du parti national ne mérite pas cette qualification, par la cupidité dont il fait preuve, par l'avidité avec laquelle il se jette sur les fonctions les plus élevées, ou les plus viles, pourvu qu'elles rapportent de l'argent.

Avais-je tort de dire que les émeutes et les assassinats à quelques exceptions près, étaient de la même famille, qu'on ne peut les mettre à la charge de ceux qui en ont souffert comme le Roi, plus que le Roi, puisque, encore une fois, le Roi n'a rien souffert, et que la France y a perdu quinze années de son temps, à toujours attendre des améliorations et un changement de système qui n'arrivent jamais. J'avais raison de le dire, et je le devais, parce que dans le grand procès qui s'instruit entre le peuple et les rois étrangers, il est bon que la vérité soit connue, qu'elle pénètre en tout lieu; et que les peuples sachent ce qui leur revient des révolutions quand ils les livrent inachevées aux mains de mauvais ministres; quand ils ont cru faire tomber l'arbre en secouant une seule branche *ministérielle.*

Les déchirements de la patrie sont-ils assez saillants? est-ce tout enfin! Trouverais-je une petite place pour la louange; il s'agit bien de louange; plût au ciel que la faction se fût bornée à bouleverser les codes et à remuer les passions honteuses! plût au ciel que la génération actuelle fût la seule à payer les fautes qu'elle a faites! Mais il n'est que trop vrai: le génie du mal s'est abattu sur sa proie, il a dévoré le présent et l'avenir de la France, et il s'y est pris de telle façon qu'il a surpassé tout ce qu'il avait produit de plus mauvais, et qu'on est forcé de convenir qu'il y aurait des actions de grâce à lui rendre s'il avait pu s'en tenir à tout ce qui précède; on pourrait encore, chose incroyable, innocenter sa conduite, et le remercier du mal qu'il n'a pas fait.

FORTIFICATIONS.

QUESTION EXTÉRIEURE.

A nous, savant Arago, idole du *National,* spirituel comme lui, il est bien temps aujourd'hui de refuser l'armement des terribles murailles, révélez-nous donc avant tout quel signe vous est venu d'en haut, pour vous apprendre que la population de Paris, si nombreuse, si redoutable quand elle est libre, pourra se défendre quand elle ne sera plus maîtresse de ses mouvements; comment elle pourra vivre quand elle sera bloquée dans ses murs, comment elle pourra vaincre quand elle n'aura ni armes ni munitions, comment elle pourra garder ses fabuleuses murailles quand il lui faudrait le double de guerriers qu'elle ne possède d'habitants; c'est très-beau d'être très-libéral, d'avoir beaucoup d'esprit, et de lire dans la lune, mais il faudrait un peu regarder à ses pieds, y voir le fossé homicide prêt à recevoir les débris de la population parisienne : qui donc gardera les murs? Est-ce le peuple? est-ce la troupe? Qui donc sera le maître dans Paris, n'est-ce pas la faim; elle commandera celle-là jusqu'à ce qu'elle se dévore elle-même. A-t-on jamais vu semblable inconséquence, que des hommes, d'ordinaire bien informés, donnent dans ce piége grossier de la défense d'une grande ville qui consomme, par jour, plus de comestibles que la vallée la plus profonde n'en pourrait jamais contenir. L'autorité d'un nom n'est rien pour moi : je combats à toute outrance l'erreur, de quelque part qu'elle vienne, et je ne crains pas de dire qu'une grande hérésie politique avait besoin de l'appui qu'elle a trouvé, ô surprise, dans un savant pour passer d'un projet dans une loi écrite. Ou les fortifications de Paris sont la plus triste affaire de nos jours, ou elles surpassent en merveille les pyramides, les obélisques et le labyrinthe des anciens, ou elles ne sont qu'un monument de haine et de honte pour la France et un signal imminent de la destruction de Paris; je ne dis pas cela pour avancer quelque chose d'extraordinaire, je dis ce que la raison démontre jusqu'à l'évidence; admettez donc pour un instant que l'ennemi force l'une des portes de la place, ou qu'il se maintienne dans un point fortifié, comment fera-t-on pour le repousser? De deux choses l'une : ou il faudra le déloger de cette position, ou il faudra se soumettre. Se soumettre! Le système le voudrait qu'il ne le pourrait!... Les défenseurs les plus intrépides de la place ne seront-ils pas justement ceux qui n'ont rien à craindre pour leurs propriétés? Ils tiendront, ceux-là, *ils tiendront longtemps*, au détriment de qui? Au détriment de la place qui sera foudroyée par l'ennemi tant qu'il lui verra un seul défenseur, et l'ennemi ne pourra jamais les tuer tous.

Je raisonne moi, et je dis qu'il est impossible de garder une si grande étendue de muraille sans éprouver une surprise de guerre; qu'une fois entré, soit par une brèche, soit par la trahison, l'ennemi ne sera maître que du terrain touché par ses pieds, que tout le reste lui sera chaudement disputé, et que le commandement suprême de la place, surtout celui qui tendrait à se rendre, n'aura plus d'empire sur une masse innombrable d'assiégés de toute opinion politique; que la ville tout entière se rendit-elle à discrétion, l'ennemi n'y voudrait point pénétrer, qu'il exigerait que tous les hommes valides quittassent le corps de la place, laissant les armes et l'honneur pour lui : que cette condition si dure ne convint pas à Carthage et qu'elle ne peut convenir à un seul des faubourgs de Paris, de là, à la nécessité de combattre tant qu'il reste des combattans, il n'y a qu'un pas. *Quelqu'un* peut-il me dire ce que deviendront les richesses, les monuments, les palais et les maisons quand on se sera bien battu de part et d'autre pendant un mois seulement, ce que deviendra la France quand elle aura perdu sa boussole et son égide, quand Paris n'alimentera plus ses provinces, quand l'ennemi, maître de tout ou partie de la place, se fortifiera lui-même dans l'intérieur, ouvrira ses tranchées sur toutes les places publiques, appellera la famine au secours de sa force matérielle, quand il sera forcé de garder à son tour les murailles et d'élever des points fortifiés pour dominer toute la place. Non, jamais horreur plus grave, plus monstrueuse ne s'est produite à l'esprit humain, et on recule d'épouvante quand on songe à tous les maux que des hommes ont accumulés sur leur patrie : il est aussi impossible que Paris ne soit pas détruit, qu'il est impossible que l'entrée n'en soit pas forcée. Il faut croire que les hommes qui ont ordonné de semblables travaux n'étaient pas assez éclairés pour dominer par la pensée toute la portée de leur action; il faut le croire, sans cela ils seraient plus criminels qu'ils ne l'ont jamais été; ils ont manié là une arme empoisonnée, ils l'ont destinée à couronner leurs projets, et ils n'ont pas prévu qu'ils anéantissaient le berceau comme le foyer de la civilisation. Pourquoi faut-il qu'il ne soit plus permis de revenir sur cette exécution de la capitale par elle-même, que l'erreur soit si grande qu'on traite de visionnaire celui qui parle de détruire ces funestes murailles ! L'homme est donc ainsi fait qu'il ne puisse apprendre qu'à ses dépens, et le soin qu'on a pris de choisir tant de mandataires sans mandat véritable, devait donc aboutir à la plus énorme faute des temps modernes. Allez, doctrinaires, mesurez-vous au pied de ces murailles, calculez ce qu'elles auront coûté, vous ne calculerez jamais ce qu'elles produiront de maux pour la plus précieuse ville de l'univers, s'il était donné à vous de prévoir l'avenir, vous seriez assez sages, j'espère, pour enlever pièce à pièce l'édifice construit par vos mains imprudentes. Jouer aux majorités avec une machine de guerre de cette dimension, n'est-ce pas convenir qu'on a perdu dans les antres de la politique jusqu'au sentiment du bien et du mal, qu'on n'est plus ni Français ni Européen, qu'on est esclave d'un maître étranger et qu'on obéit aveuglément à un aveugle commandant. La France est donc bien dégénérée qu'il se soit trouvé des hommes capables de la doter d'un si affreux présent; la division des partis est donc chose bien essentielle et bien importante, que le parti le plus fort en nombre dans une assemblée consente à s'annihiler lui-même en se perdant comme ses adversaires; et si de ces réflexions on passe à un autre ordre d'idées, peut-on se refuser d'admettre que la destruction de Paris ne soit l'œuvre de la providence, elle donne assez à entendre que le séjour de la corruption, du luxe et de la fainéantise est trop délicieux pour des hommes qui aspirent à être libres, qu'ils auraient dû se résigner à vivre plus modestement s'ils voulaient secouer leur chaîne. Paris bien étudié, n'est plus qu'un obstacle à la liberté, le mercantilisme y a remplacé l'amour de la patrie, et au lieu d'y défendre ses droits on n'y songe qu'à ses intérêts; cette vérité est telle que les quartiers les plus riches, les mieux habités, dit-on, sont ceux qui fournissent le plus de défenseurs à la politique du système; d'où il suit que plus on est riche moins on aime la liberté, ou pour mieux dire, on voudrait l'acheter comme on achète sa place au théâtre ; mais l'acquérir, la conserver c'est bon pour les gens qui n'ont rien. Eh bien, vous verrez, riches de tous rangs ! vous verrez, nobles possesseurs des plus magnifiques hôtels ! vous verrez ce qu'il adviendra, plus tôt que vous ne le pensez, de vos trésors, de vos palais de vos jouissances ! Laissez armer les terribles murailles, vous ne tarderez pas à les apprécier; amusez-vous bien; en attendant, dansez, jetez votre carte chez le ministre, prélassez-vous donc dans le grand ou le petit salon, vous saurez ce qu'il en coûte pour n'avoir pas fait votre devoir dans les élections, pour avoir nommé des hommes indifférents à la chose publique, étrangers à tout sentiment d'honneur national et conservateurs seulement de leur emploi. Vous apprendrez comme tout se lie et tout s'enchaîne, vous jouirez des délices de la vie quand l'ennemi aura logé ses boulets dans vos alcôves, vous aurez le loisir de crier contre les républicains, et vous pourrez vous flatter de n'avoir pas aperçu l'ennemi le plus dangereux, celui que sa sottise et sa vanité ont poussé à une telle extravagance.

Patience, ô illustre savant ou savant illustre, ce qui revient au même (je dis cela pour la gouverne du *National* qui peut indistinctement mettre le premier, l'un ou l'autre adjectif et le renforcer d'un superlatif si bon lui semble) : je n'ai pas dit un seul mot des fortifications extérieures séparées de l'enceinte continue, je ne vous reproche point les forts, et cependant je serais fondé dans cette deuxième admonition : quand on a si longue vue on doit savoir que les forts étaient d'autant plus faciles à enlever par le ministère que déjà on lui avait livré l'enceinte continue, on doit calculer la portée d'un premier vote comme on calcule le retour d'une éclipse, voir le système ministre avec les faiblesses qui tiennent à un âge avancé, et surtout, ne composer avec un enfant ni sur ses malices ni sur ses vices. Les forts étaient le corollaire inévitable de l'enceinte continue ; la défense de Paris résolue, considérée comme possible, il fallait lui donner tout le développement imaginable ; il fallait à tout prix éloigner et retenir hors des murailles, le plus loin possible, l'ennemi prêt à les attaquer ; il fallait lui couper le passage qui mène au pied des murailles, lui donner à craindre d'être pris entre deux feux s'il avait la témérité de s'avancer devant la ville; les forts n'ont donc rien de blâmable pour ceux qui ont admis l'enceinte, et tout ce qu'on peut dire du danger de la ville si l'ennemi venait à s'emparer d'un ou plusieurs de ces forts, est applicable au fait d'armes qui lui livrerait l'une des portes de la capitale. Que m'importe à moi, habitant de Paris, d'être bombardé du haut du fort Nemours ou du haut d'une muraille, ne suis-je pas toujours bombardé? Que ce soit de près ou de loin, la question n'est pas là; elle est dans le bombardement, et je suis assassiné d'une manière comme de l'autre; à présent, soutenez que l'ennemi acharné contre l'un ou plusieurs des forts, déployant tous ses moyens d'attaque contre eux seuls ne peut parvenir à s'en rendre maître, quelque sacrifice qu'il fasse en hommes et en munitions de guerre, c'est très-flatteur en vérité pour les Français chargés de défendre la patrie et le fort attaqué; c'est en même temps très-problématique pour ne rien dire de plus; et où serait l'absence de patriotisme quand je soutiendrais que dans l'état actuel de la science militaire, et avec les gigantesques ressources que l'étude et l'application ont livrés à la main homicide de l'homme, aucune chose n'est impossible même contre des Français, par la raison que s'ils l'emportent, par la valeur, sur les autres peuples de l'Europe, il leur est interdit de profiter seuls des découvertes de la science; que cette puissance surnaturelle (le mot n'est pas trop fort), après avoir montré sa supériorité jusque sur les orages, peut bien confondre les calculs les plus rassurants et les mieux soutenus dans l'exécution. N'est-on pas forcé de convenir encore que la science a établi sa domination sur les hommes de guerre, comme elle finira par triompher des hommes de la paix, et qu'elle a rendu faciles les entreprises les plus téméraires, les plus fabuleuses au point de vue des héros du moyen-âge et de l'antiquité. Scipion pourvu de l'attirail de siége à l'usage des guerriers de notre temps, aurait-il mis trois ans à s'emparer de Carthage; aurait-il souffert les allées et venues de sa garnison, l'introduction des alliés dans l'intérieur de la place, les approvisionnements faits en plein jour ; l'aurait-on surnommé l'*Africain* et couvert de gloire pour une seule ville prise d'assaut au bout des trois années, quand le moins habile de nos généraux reçoit l'ordre de s'emparer d'une place du premier ordre dans les vingt-quatre heures, d'y poser garnison et de passer son chemin pour rejoindre le gros de l'armée. Ne dissimulons donc rien, il n'est que trop vrai que l'ennemi se rendra maître du fort qui lui conviendra le mieux, qu'il y jettera garnison, qu'il aura la plaine pour l'approvisionner et une armée supérieure pour la soutenir et qu'il pourra impunément, à l'abri des forts, élevés de nos mains se livrer à tous les excès de la guerre, raser la capitale, et détruire ses défenseurs ; M. Arago que je combats, ne peut me contester ses propres calculs ; et s'il n'a pas fait la concession de ces forts, parce que certains ministres pourraient en faire un mauvais usage, il faut qu'il convienne que l'ennemi ne sera pas retenu par un scrupule que le ministère français, lui même, a mis sous pieds. Voilà ce qui me fait dire qu'il ne fallait voter ni les murs d'enceinte ni les forts, que les ouvrages de la place en avant ou en pourtour sont la conséquence obligée l'un de l'autre, et qu'il faut s'attendre aux plus cruels événemens, ou défendre jusqu'à la dernière goutte du sang français, les ouvrages avancés et la place ; qu'il faudra même se porter en masse au delà des forts en rase campagne, et livrer une bataille générale avant de souffrir que l'ennemi n'en investisse aucun ; si les Français sont victorieux, à quoi bon les forts et les murailles? l'ennemi a pris la fuite. S'ils sont accablés par le nombre comme à Waterloo, comment sauveront-ils la ville? On dit que les adversaires d'un système sont des républicains, on n'a pas prouvé si facilement qu'ils manquassent de patriotisme et de pénétration: la discussion appartient à tous, et la discussion démasque les batteries du système ; elle les met tellement à jour, qu'on ne peut lui imputer la faute, plus impardonnable cent fois qu'une de ses perfidies habituelles, d'avoir pris au sérieux les fortifications de Paris, et ce serait lui faire injure, lui retrancher une partie de cette gloire si chère à son cœur que ne pas lui laisser tout l'honneur de sa perfidie. Ah! le système a cru au destin du prélat de Gênes, à quelque chose de semblable au temps des fortifications de Péronne; il a glissé sur l'anacronisme, aveuglé pas ses passions, il s'est trompé de temps et de lieux; il a compté sans les factions, sans les résistances de l'intérieur de la place et des forts, et sans le patriotisme de la France; il ne s'est pas douté de la grande émotion populaire et éminemment nationale qui allait surgir de son audace; il n'a pas su que tous les habitants de la grande ville exposés à périr ou à plier sous un ministère, pourvoiraient à leur salut d'abord et au salut de la patrie, qu'ils trouveraient de l'écho en France, dans le pays de l'honneur et de la civilisation, et qu'ils ne se laisseraient pas brûler pêle-mêle, sans distinction de républicains ou justes-milieu. Ah! système, la gloire n'était pas faite pour vous; la gloire, telle que vous l'entendez, ne peut se prêter à des illusions: il lui faut plus que des murs et des forts. Ces produits n'ont encore attesté que la présence d'un maçon s'essayant au rôle de Croquemitaine par l'armement des forts et des murailles, aux enfants, la terreur et l'effroi; aux hommes, devenus plus citoyens, la résistance légale.

Qu'ils le sachent donc, les ministres, la France se fatigue; assez longtemps, les peuples ont gémi sous le poids de leurs chaînes, assez longtemps des hommes qui s'étaient donné la peine de naître, ont exploité l'ignorance des masses; vainement ils se débattent contre le progrès de la raison humaine, il faut qu'ils courbent leur tête orgueilleuse devant le niveau de l'égalité sociale; déjà ils n'ont plus de l'autorité que le nom, les accessoires leur manquent, qui les respecte, qui les honore, qui les craint, personne: la raillerie en a fait des acteurs pitoyables, et les Français n'ont que des sifflets contre des ennemis de ce genre.

LA COUR.

Détournons les yeux de ce spectacle hideux des fortifications de Paris, et soutenons encore une grande thèse devant l'opinion publique. En apparence, il s'agit de frivolité ; c'est bien dit pour ceux qui ne voient dans l'établissement de la cour que le perfectionnement d'une contredanse à la mode ; il n'en est pas de même pour ceux qui voient au fond des choses ; et si je prouve que dans une monarchie constitutionnelle, la cour est en tout point contraire à l'esprit de la loi ; qu'elle est d'origine despotique, bonne pour les tyrans, et gênante pour la constitution de l'État, je démontrerai suffisamment, je l'espère, la nécessité de contresigner l'ordonnance d'abolition de la cour : on me permettra bien de supposer qu'une question n'est pas toujours vue du même œil à la cour et à la Chambre : eh bien, si pour être admis à la cour il faut voir du même œil que la cour, si pour se maintenir dans ces hauts parages, il faut renoncer pour toujours aux droits de l'homme et du citoyen, n'avoir d'autre opinion que l'opinion dominante, et, qui peut nier ce que j'avance, n'est-ce pas assez pour obliger le ministère à détruire la cour, à isoler les courtisans, à les renvoyer chacun chez eux, travailler à s'instruire des besoins de leur pays, et leur rendre la dignité d'hommes qu'ils ont abdiqué dans les antichambres du château. Ah ! je ne me trompe pas, j'en juge par l'expérience de tous ; il n'est pas possible à un courtisan de parler suivant sa conscience à la tribune quand il a subi les nobles influences de la doctrine, les volubileuses paroles d'un premier ministre dans l'embrâsure d'une fenêtre : cédant au pouvoir qui l'endoctrine de toute sa puissance, il ne trouve rien à répondre, et désespère d'en finir avec la loquacité d'autrui s'il ne donne sa voix en échange de sa liber'é individuelle.

La doctrine a choisi l'époque du choléra pour composer sa cour; elle n'a pas voulu qu'un fléau nous vint sans l'autre; elle avait sans doute de bonnes raisons pour corrompre les cœurs quand le fléau épargnait les corps : ces bonnes raisons elle les a puisées dans un intérêt personnel; c'est au milieu de la cour par les satisfactions d'amour-propre qu'elle donne, par les bouderies qu'elle pourrait susciter, que le ministère circonvient son député; il lui prouve à la cour ce qu'il ne peut lui prouver à la Chambre; il emploie un langage moins parlementaire, et plus touchant; il parle à la personne au lieu de parler au citoyen, et lui fait sonner à l'oreille l'argument irrésistible, d'où dépend la solution de toutes choses; sa conscience est torturée par des affections de famille, que le ministère lui remet en mémoire; l'exposant ainsi à opter entre la dignité d'un Minos de France et une position aussi belle qu'imméritée, et tout cela ne vaut pas la peine de le dire; le lieu où se perdent tant de consciences, où la pudeur politique jette son masque ne vaut pas la peine d'être signalé. C'est innocemment peut-être que le ministère a fait des élus, qu'il a dit à l'un : tu entreras, si tu veux marcher avec moi; à l'autre : la cour s'accommode mal d'un Régulus français.

Qu'on me cite un seul exemple d'un familier de la cour qui ait voté contre le ministère, je confesse mon erreur; le prendra-t-on cet exemple dans un discours récemment prononcé? rien de plus facile à éclaircir; il est malheureusement des hommes doués d'un rare talent, qui manquent de cette fermeté si précieuse dans un orateur, la conviction n'est pas leur arme, ils ont plaidé le pour et le contre avec un égal succès oratoire; autrefois c'était contre, aujourd'hui c'est pour et contre : que voulez-vous que le ministère fasse de pareils hommes, songerait-il à une exclusion de la cour ou à une *destitution*, quand la fortune est faite et parfaite : les ministres qui feraient une telle faute mériteraient qu'on les plaçât dans certaine maison royale; le système est bien plus habile quand il destitue le fonctionnaire qui se dérange une seule fois, il y trouve l'avantage d'intimider les autres; mais il serait par trop maladroit, s'il s'avisait de destituer celui qui n'a plus aucune autorité, ni sur les siens, ni sur les autres, il s'exposerait à lui rendre sa force et son crédit sur les masses : mieux vaut trois mille fois par mois l'enchaîner avec de l'or, le comprimer dans les liens d'une amitié dangereuse et compromettante, et profiter de ce qu'il s'est annihilé lui-même pour le maintenir dans le néant, ou subsidiairement dans les dissertations sur Guy-Coquille.

Cette fois le ministère a été conséquent avec sa doctrine, il a destitué ceux qui ne voulaient pas être destitués, il a donné un avis salutaire au servilisme, il n'a pas destitué celui qui ne voulait plus de sa place, et qui voulait compenser par l'estime publique la perte de quelque superfluité pécuniaire. Doctrinaires, bien touché : on ne peut rentrer en grâce à si peu de frais, il faut une confession générale comme celle de Laffitte, pour obtenir l'absolution, il ne suffit pas de faire montre de courage contre une ombre d'un Pritchard, il faut prouver qu'on a été dupe, quand fera-t-on cette preuve? ne sait-on pas, par expérience, qu'il y a incompatibilité absolue entre la dignité d'un député et le maniement de l'argent sorti des caisses publiques, qu'on ne peut être juge et partie. Si cet argent est dû avec ou sans la place, qu'on le prenne ; mais il faut laisser à d'autres l'honneur de la députation.

Revenons à la cour : ce mot si sonore qu'il soit, fait naître une réflexion bien pénible : les dehors de la puissance et de la grandeur souveraines ne sont rien, on ne peut-être vilain à la cour, on ne peut donner aucune distinction quand on en manque pour soi : eh bien ! qui osera citer des roturiers plus vilains que les ministres qui se sont remplacés depuis 1830. Dira-t-on d'eux, qu'ils sont nés, ne faut-il pas les prendre pour de riches parvenus dont tout le mérite a consisté dans une plate ostentation des principes libéraux ; comment ces vilains ont-ils pu créer la cour, donner ce qu'ils n'avaient pas, la noblesse, enseigner les belles manières, eux! quel vertige les a pris? la cour était toute faite à partir de 1830. L'épicerie, les ports, les halles et marchés avaient leurs hommes, sortis de la classe des pauvres par un travail honorable et lucratif; ces hommes allaient droit au cœur du monarque; les sympathies du bourgeois de Neuilly leur étaient acquises et l'accueil cordial qu'il leur faisait, témoigne encore de la violence que les ministres ont faite au roi quand ils l'ont obligé à se défaire de son ancienne camaraderie pour l'entraîner à prendre les manières de Louis XIV, faire quoi? d'un roi citoyen, habitué à chanter la Marseillaise et à manger avec les plus minces prolétaires, pourvu qu'il reconnut en eux la probité et le patriotisme, n'était-ce pas s'exposer à la dérision des grands du parti déchu, soulager leur affliction aux dépens de la charte. La cour se compose donc des appartements du château, dont le ministre a les clefs, où ses amis sont reçus, c'est le vieux manoir qu'il lui plaît d'appeler la cour! Ce n'est plus la noblesse, sa réunion pompeuse et éclatante.

La noblesse n'est plus, les nobles existent, oui; mais ils se tiennent chez eux : le ministère n'a pas de noblesse à sa cour, n'est pas noble qui veut, la première condition pour être noble c'est de ne pas savoir de quel temps on date, si on le sait, on ne l'est pas, le principe est absolu et incontestable; il faut respecter les us et coutumes quand on a tant à cœur de régénérer l'institution; le ministère avait cependant un exemple bien digne de remarque dans la sagesse du Roi : sa majesté citoyenne n'a pas donné dans le travers de Mars épousant la fille des Césars; moins exigeant que le héros de la révolution française, Louis-Philippe a établi ses enfants dans une classe sortable; il pouvait s'il l'avait voulu, en secouant sa cocarde tricolore, obliger les rois à lui offrir des princesses royales; mais, en bon philosophe, il s'en est peu soucié. Et c'est lorsque le roi dédaigne, avec raison, l'alliance des rois, lorsqu'il n'a pas changé ses manières bourgeoises depuis qu'il est sur le trône, que les ministres ont inventé la nouvelle cour, et qui donc façonnera les élus aux usages du bon ton, qui leur apprendra, à se présenter, à saluer à desserrer les dents quand ils seront interrogés d'un regard majestueux, comment pourront-ils se faire à l'étiquette, eux qui ne savent que vivre et n'ont jamais connu que le sans-façon de leur intérieur : les ministres ne devaient-ils pas se faire toutes ces questions? s'ils avaient réfléchi sur les exigences d'une dénomination si grandiôse, ils se seraient abstenus : c'était un devoir de leur part; l'intention seule de composer une cour, à part l'impossibilité matérielle était déjà trop coupable.

La charte avait-elle besoin de la cour? l'étudie-t-on dans ce pays là? que vont donc y faire les députés? Dans une cour despotique il faut certaines conditions pour être admis, il faut le parrain et la marraine, avec quoi les fera-t-on, dans une cour citoyenne? il faut être baptisé pour baptiser les autres; dans une cour despotique, la difficulté pour être admis est telle que la cour fait rarement des recrues; il n'en est pas de même dans une cour citoyenne, où tous les hommes sont égaux : l'un se croit fait pour vivre à la cour comme un autre et son ambition se bornât-elle à être présenté, que ne peut-il faire pour obtenir tout cet honneur, combien de consciences comme la sienne il pourrait fouler à ses pieds dans l'intérêt de sa vanité; et, la cour n'est pas une calamité publique et la corruption des cœurs, n'est pas le signe évident de la décadence des empires, et on ne peut pas faire tout ce que l'on veut d'un homme dont l'ambition est surexcitée de la sorte; et, les fonctions publiques seront remplies avec honneur, indépendance, intégrité, quand le fonctionnaire pourrait voir ajourner l'instant de sa présentation, quand il pourrait s'exposer à compromettre ses relations avec la cour, quand il ne voit ses délices que là où se trouve la honte et le relâchement de toutes les vertus sociales. De bonne foi, peut-on admettre que bien reçu à la cour aujourd'hui, le même homme va voter demain contre elle : que dire de plus pour déterminer les homme sages à en finir avec la cour.

LA CHAMBRE.

Quittons au plus vite ce pays, pour nous abriter sous le toit désormais protecteur du Palais des Députés, et avant de parler des grandes affaires, pénétrons le mystère qui couvre depuis quinze ans l'abnégation que les Députés ont faite de leurs droits. La question est à la fois européenne et française ; la restreindre dans une étroite enceinte, ce serait en méconnaître le principal caractère ; ce serait oublier à quelles conditions les rois ont permis au parti dominant de conquérir les emplois salariés.

La transaction devient par trop déshonorante pour qu'il ne soit pas nécessaire d'apprendre aux souverains de l'Europe, qu'il est en France un parti national qui fera tous les sacrifices qu'exige le principe démocratique pour se maintenir chez lui et se consolider par l'établissement du même principe dans leurs Etats : ne pas aller jusque là, c'est renoncer au bienfait du principe immortel de 1830 ; s'arrêter en chemin, c'est humilier le drapeau de la liberté européenne : vainement on résiste à cet entraînement du principe populaire, plus tôt ou plus tard, il faut qu'il livre sa grande bataille.

L'article 14 de la vieille charte fut biffé en trois jours, la sainte alliance sabrée ; comment se fait-il que nous ne soyons pas plus avancés aujourd'hui? Personne ne l'ignore, et cependant il faut le dire : c'est que le parti des blancs a mis du rouge et du bleu à sa cocarde, et qu'après avoir intrigué contre le peuple pendant les trois jours, il s'est fait plus révolutionnaire que l'héroïsme lui-même ; il a outré tous les principes pour exalter les mal habiles parmi les héros, et les porter à déshonorer leurs armes. De la sorte, il s'est réservé le rôle de la modération dans le développement du principe ; il a parlé de l'ordre à introduire dans la décomposition de vieux abus ; de la sagesse de la Chambre qui avait su vaincre le Roi en lui refusant un concours, qui saurait également profiter de la victoire pour introduire l'ordre dans les lois, l'harmonie dans les institutions, cet artifice réussit et n'eussent été les conciliabules secrets dans lesquels on supputait toute idée généreuse, il faut croire que la Chambre eût accompli sa tâche, le droit était pour elle; le fait ne tarda pas à tourner contre elle.

La révolution achevée, restait la question extérieure; la Chambre pouvait s'en saisir c'était pour elle le plus saint des devoirs, l'ancienne royauté en avait tant abusé! Elle ne s'en saisit pas, la malheureuse, elle perdit son temps en vaines déclamations, à se choisir la meilleure des républiques, et à s'admirer elle-même dans le choix qu'elle avait fait, sans s'apercevoir que les rois étaient devenus partie au procès, qu'il fallait renoncer à la charte ou marcher sur eux, que la situation ne comportait pas d'autre solution; le plus court était assurément de les détruire, l'occasion était belle, le moment favorable, ils s'y attendaient bien; ils étaient vaincus d'avance, on pouvait expédier à chacun d'eux une constitution pour son peuple, ils rendaient grâce à Dieu d'en être quittes pour si peu; rien de tout cela n'a été fait, on s'est mis à trembler devant des rois que la peur avait glacé d'effroi, on leur a donné le temps de se reconnaître, de se raffermir; et, chose incroyable, de braver la colère du peuple souverain, rassurés par une influence secrète et rapprochés l'un de l'autre par un danger commun, ils ont mis des conditions à l'établissement d'un gouvernement en France; le peuple souverain a eu pour maître une coalition de rois étrangers, et c'est sous leur patronage que la Chambre française à entamé ses discussions, ce premier acte accompli, elle s'est laissé dériver au gré des passions des rois absolus; ce qu'elle considérait dans une loi nouvelle, ce n'était pas la convenance du peuple, mais la convenance des rois; on peut juger par là du désordre qu'elle a introduit dans le principe de 1830, de la fausseté de tous ses aperçus et du déréglement de ses décisions. Le peuple ne tarda pas à s'apercevoir de la déviation des Députés, il les voyait se jeter, à l'envi l'un de l'autre, dans le gouffre de la haute, se rapprocher du favoritisme, et immoler sur le marbre de la tribune la révolution confiée à leur débiles mains; plus ils se montrèrent, plus la popularité leur fit défaut; ils ne tardèrent pas à se faire entre eux un langage si messéant qu'ils se proclamèrent eux-mêmes glorieux, parce que le peuple les méprisait. Quand les choses vont de ce train, il n'y a pas de raison pour qu'on s'arrête; la Chambre a fait l'application de son nouveau langage, on lui demandait une loi sur la garde nationale, elle a fait une loi contre la garde nationale; on lui demandait des lois sur les crieurs publics, sur la liberté de la presse, sur tout ce qu'il vous plaira, elle faisait des lois contre et jamais pour. Il faut dire qu'elle était servie à souhait par ses amis, qu'ils ne la privaient ni d'émeutiers, ni d'assassins pour entretenir ses vapeurs, et que son tempérament était devenu si débile qu'elle se trouvait mal à chaque fois qu'elle apercevait dans les tribunes une longue barbe de Juillet, et puis, les escamoteurs du dehors, sachant que la Chambre était si impressionnable, que le moindre bruit lui faisait peur et qu'elle aurait donné toute sa puissance en échange du cauchemar qui l'agitait sans cesse, avaient soin d'entretenir ces dispositions anti-françaises d'une Chambre des Députés, tantôt ils portaient un drapeau rouge au bout d'un bâton, tantôt ils lui parlaient de la loi agraire, et avec ces faibles ressorts ils faisaient mouvoir à leur gré cette masse d'une espèce peu commune en France.

Le moyen une fois trouvé, on ne s'arrêta pas en chemin, il y avait bien par-ci par-là quelques hommes de bonne foi, revenus de leur frayeur, prêts à faire cause commune avec la minorité; ceux-là pouvaient faire pencher la balance et ramener le système dans la bonne voie, de deux choses l'une, ou on les séduisait, ou on attendait une occasion favorable, un lendemain d'émeute, pour procéder à de nouvelles élections; on jetait feu et flamme dans les journaux salariés, on parlait de terreur, de loi agraire, de révolution sociale, de Robespierre et de la lanterne; on parlait de tout, excepté du mauvais vouloir du système pour le principe de 1830, et on parvenait à force de tromperies, de séductions, de menaces, à corrompre l'esprit et le cœur des votants de province; ils n'avaient pas le bon sens de voir qu'à Paris même où on leur disait que tout était en bouleversement, les élections étaient favorables au principe de 1830, ils envoyaient à la Chambre le produit de leur vaine terreur et de leur crédulité sans exemple. C'est ainsi que peu à peu s'est fortifié ce parti de trembleurs si redoutable à l'intérieur, si humble devant les rois. C'est ainsi que la liberté allait périr, si son génie ne s'était réfugié dans le cœur des patriotes, en attendant qu'il se répande dans les plaines du nord, les armes à la main.

Les Chambres qui se sont succédées depuis 1830, ont à peu près marché dans les mêmes errements; je leur imprime, autant qu'il est en moi, la flétrissure due à leur conduite, je m'arrête dans ce torrent de mépris qui se grossit à mesure que j'avance, pour excepter de cette liberté de langage, la Chambre actuelle; je ne puis dire si je méprise ses membres ou tout son ensemble; il y a une loi qui ne permet de parler mal ni des Députés, ni de la Chambre actuelle, je me conforme à cette loi, en attendant la dissolution, et je reprends le cours de ma catilinaire, je suis d'autant moins gêné dans mes allures qu'il me serait impossible de ne pas constater une amélioration dans la constitution morale de la Chambre; si le fonctionnaire y domine, le plébéien s'y montre, il porte haut sa cocarde tricolore, il donne enfin quelque bonne espérance; il ne faut se hâter, la fièvre a eu ses jours d'agonie, le malade se lève mais il ne marche pas encore, la convalescence peut être longue, et qui sait si le corrupteur général ne nous ménage pas quelque trait de sa flèche empoisonnée : il ne faut jamais compter sans son hôte; il y a encore de ces ressources d'autrefois si habilement exploitées, qui pourraient s'offrir à qui ne veut la liberté *quoiqu'il* arrive.

La vraisemblance est bien cette fois pour le principe de 1830, mais les blancs, cachés sous le tricolore de leur cocarde, sont là, qui veillent pour la continuation du mal; en désespoir de cause, ils pourraient risquer quelque nouveau méfait et ressaisir dans le trouble un pouvoir qui leur échappe. N'en doutez pas, ou l'atmophère se chargera de nuages bien épais, ou la velléité d'un des partis de la Chambre sera promptement étouffée. On ne renonce pas ainsi à un passé si honteux, on n'a pas travaillé si fort au renversement du principe de 1830 pour lui donner le temps de se relever sans coup férir; le ministère est là, armé de toute pièce, tenant la clef du trésor, et les fonctionnaires par la bouche, il se croit assez fort pour se mesurer avec cette majorité inattendue, que le combat ait lieu à la tribune ou dans la rue, peu lui importe, il transportera le champ de bataille où il voudra, la ruse est son élément; et, semblable à Protée, plus on le serre moins on le tient, il se dégage par un mouvement inattendu, et il bat ses adversaires trop timides qui ne le mènent pas assez vite au terme de sa carrière, qui ne le forcent pas dans ses derniers retranchements : il arme déjà les forts.

Le côté gauche séjourne trop à Capoue, il donne à l'ennemi le temps de se refaire, il ne se pénètre pas assez de la puissance de son principe, et il semble, en vérité, que la charte soit trop lourde pour lui, qu'il ne puisse s'en servir et l'imprimer sur le front de ses adversaires pour les couvrir de honte devant toute la France. Serait-il vrai que le côté gauche lui-même reculât devant l'accomplissement de sa théorie? j'en doute, mais il me sera bien permis de lui dire que bon gré, malgré lui, 1830 sortira victorieux de la lutte, il a la vie dure, il s'étend et s'enracine dans tout l'univers, et c'est niaiserie de nier sa puissance ou sa fécondité. 1830 renaîtra avec ou sans la protection du côté gauche; mais il vaudrait mieux qu'il triomphât par degrés que de vaincre toutes les résistances en un seul jour; le pêle-mêle est chose triste en elle-même, et il est du devoir des Députés consciencieux de prendre en main le timon de l'État, d'affermir la liberté sans bruit, et de couper court à toutes les mauvaises passions. Les sacrifices que le peuple peut faire pour assurer sa liberté ne sont jamais perdus, mais s'il est une voie plus douce, plus calme, plus pacifique, pour mettre la liberté à l'abri des entreprises de ses ennemis; ceux qui pourraient entrer dans cette voie, la suivre, et qui stationneraient au début, ceux-là finiraient par devenir coupables eux-mêmes, ils répondraient des malheurs qu'ils pouvaient éviter, le sang retomberait sur eux s'il en était versé par leur faute, et la gloire qu'ils s'étaient acquise s'en irait avec leur fausse réputation d'hommes d'état. La résolution est ce qu'il faut dans les moments de crise, ôte-toi de là que je m'y mette? telle doit être la devise d'un Député du côté gauche, autrement il ne travaille pas pour le Roi des Français, il travaille, comme les ministres actuels, pour le roi de Prusse, les deux empereurs et autres. A quoi tient donc cette pudeur du côté gauche? s'imagine-t-il qu'il ne fera pas aussi bien que le ministère actuel, ou s'effraie-t-il de certains rapports d'intimité qu'entraîne le pouvoir? à cela ne tienne, dans la Chambre et hors la Chambre que le côté gauche soit toujours lui-même, qu'il ne se laisse point amorcer à des pastilles de chocolat, son triomphe est assuré. Que peut-il craindre? il porte sous les plis de sa toge, la paix ou la guerre, et peut dire, choisissez! je représente 1830. Vous ne représentez que l'ombre de la féodalité, vous n'êtes, vieillard ministre, que le serviteur de 1830, et malheur à qui oserait prétendre à aucun genre de supériorité sur la charte.

La question extérieure, question abrutissante à force de revenir sans jamais disparaître, cette question n'en est pas une, il faut que les rois du nord limitrophes de la France donnent une constitution libérale à leurs peuples, sans article 14, sinon il faut leur en envoyer une toute faite pour chacun d'eux et l'escorter au besoin de 12,000,000 hommes de troupes, voilà la seule manière d'en finir; il est démontré aujourd'hui que le gouvernement monarchique l'emporte sur le gouvernement despotique, que l'intérêt bien entendu des peuples et des rois est de limiter leurs droits réciproques, que la civilisation est aussi avancée en Prusse et en Autriche qu'en France, et que nous ne pouvons pas attendre qu'un intérêt commercial ou de territoire donne un prétexte aux rois étrangers pour tomber, avec les auxiliaires même du principe de 1830, c'est-à-dire, avec leurs soldats, sur la révolution de Juillet. Nous avons tout à craindre du ressentiment des rois étrangers, ils en veulent à notre force, à notre centralisation politique, à nos richesses, à notre liberté, qui le croirait? ils s'arment sourdement contre notre pays; ils veulent le diviser pour le soumettre, et leur projet n'est plus d'abattre un Napoléon, mais d'expulser d'Europe le principe de la liberté. Et quand je vois des orateurs, la surprise dans les traits et le geste pacifique dans les manières, demander qui veut la guerre, je leur réponds: c'est le principe de 1830; il faut l'effacer de la charte ou lui donner une plus large base; il faut détruire le provisoire qui ruine tous les peuples de l'Europe, en maintenant sous les armes une moitié de la population virile de chaque nation; cet état de chose ne peut se prolonger ni pour la France, ni pour les autres peuples.

Que faisons-nous après tout, nous favorisons en Europe le maintien de tous les abus, nous devenons les complices de l'absolutisme, et au lieu de secourir les peuples nous leur imposons de nouvelles charges, les rois redoublent de violence à mesure que nous nous éloignons de notre but régénérateur, et, si nous n'y prenons garde, ils finiront par croire que le principe de 1830 a usé toute sa force sur lui-même, qu'il a dégénéré et qu'il n'est bon qu'à servir d'introduction à la tyrannie au sein même de sa patrie; un principe s'abîme quand il n'est pas appliqué, et quelles raisons avons-nous pour ne pas secourir les peuples contre les rois, ne sont-ils pas comme nous dignes de la liberté? ne languissent-ils pas dans les fers, obligés d'admirer pendant tout un règne le droit divin en personne, de se conformer à tous ses caprices et de subir sans contrôle ni mot dire les plus durs châtiments? Est-ce que Juillet 1830 était fait pour assister à un pareil spectacle? est-ce que Juillet 1830 comporte la tyrannie? Celui qui ne veut pas de l'alliance des tyrans en sera-t-il réduit à ne pas même obtenir d'eux cette alliance? Arrière donc cette politique d'ornière qui se traîne depuis si longtemps dans le bagage des rois, qui ne vit que de sourires absolutistes, et qui n'a d'estime que pour l'oppression.

Le beau jour que celui où la France pourra faire comprendre enfin aux rois et aux peuples leurs obligations réciproques; la belle et bonne guerre que celle qui sera faite aux tyrans dans l'intérêt des peuples, la belle chose que le respect de l'armée libératrice pour les propriétés et la vie des nouveaux citoyens, qu'elle organisera partout en gouvernement avec une bonne constitution, le beau rêve pour les amis de l'humanité que la théorie philosophique mise en pratique dans toute l'Europe; et croit-on franchement qu'il soit bien difficile de faire une guerre de principes seulement, qui ne soit attentatoire ni à la liberté individuelle, ni à la propriété, guerre qui tournait à bien dès le début de la révolution si la cupidité et l'avarice des généraux n'avaient gêné le développement du progrès dans l'esprit des peuples envahis par l'armée française. Qui donc osera soutenir que tout cela ne peut pas se faire avec ordre, sous une administration constitutionnelle? qui peut nier les avantages politiques de la délivrance des peuples de l'Europe? qui serait tenté désormais de ruiner le gouvernement constitutionnel en France quand il aurait jeté ses racines dans toutes les parties de l'Europe? il faut être myope pour ne pas voir un tel résultat, n'avoir ni le génie ni l'amour de la liberté, pas plus pour soi que pour les autres, quand on résiste de toutes les forces de son pouvoir à une amélioration si sensible dans le bien-être universel des peuples. Y a-t-il là rêverie d'une monarchie universelle quand je dis qu'aussitôt libres les peuples sont livrés à eux-mêmes, enrégimentés avec les troupes libératrices, et portant partout où besoin sera la désolation dans le cœur des despotes; on a bientôt traité de gigantesque un projet des plus simples, on a bientôt calomnié les plus hardis d'entre les amis de l'humanité; on n'a pas si tôt répondu à leurs preuves, on n'a pas si tôt mis en regard d'un projet exécutable un autre projet suffisamment mûri pour parer à toutes les objections; se trouve-t-on bien, par exemple, de l'emploi d'une forte armée pour ne rien faire, d'un budget de 150,000,000, de l'entretien d'un matériel immense, tout cela en pure perte, en pleine paix, sans pouvoir congédier un soldat ni rendre un écu aux contribuables, et d'avoir amené les choses à tel point qu'on ne peut jamais savoir quand cet état de choses cessera? Un parti pris, c'est la solution d'une difficulté, une entreprise faite par la France, c'est la victoire couronnant l'armée, c'est la fin de nos misères; est-ce que cela ne vaut pas mieux qu'un état de choses absurde, indéfinissable? que la terreur personnelle dans laquelle se tient le ministère, qui ne sait plus où donner de la tête, qui s'abandonne lui-même, qui reste sans ressources en présence de toutes les difficultés qu'il a si bien accumulées. Pourquoi donc le côté gauche tarde-t-il tant à se montrer et à formuler les prétentions de la France? ses adversaires montrent de la résolution pour faire le mal, que n'en montre-t-il pour faire le bien? les hommes de conscience se laisseront donc éternellement fatiguer par d'autres? La modestie sied bien à qui s'attaque à la pudeur du juste-milieu.

J'aurais terminé ma tâche s'il était possible de supposer que le côté gauche ne se laissera plus conduire vers le côté droit; il lui manque un Depresmenil, le fournira-t-il? Je l'ignore; on a déjà parlé de Billaud-Varenne, l'orateur prendra-t-il ses adversaires au mot, s'armera-t-il des principes de 1830 pour écraser le juste-milieu? On l'espère; la tête est bonne; l'esprit est solide; la dialectique serrée; jamais aucune place, absence complète de corruption, avec cela on marche: encore faut-il que l'orateur veuille bien s'encourager de sa propre puissance, ne viser qu'à la destruction de ses ennemis et les frapper au cœur, qu'il les tue sur la place, qu'ils ne puissent ni s'en relever ni se relayer par des doublures, Lucifer est malin: il se transforme, s'il ne s'appelle plus d'un nom, il peut s'appeler d'un autre; il n'y perd rien, quelque fois il y gagne: c'est ce qu'il faut éviter. Le tenir et ne pas le lâcher, tel est le plus impérieux devoir: l'amour-propre, il n'en a point; les entrailles il n'en a point; il a fait son pacte avec l'affront; la souillure ne peut l'atteindre, il n'a jamais rougi; plus il fait de victimes moins il a de regret; on ne l'attaque pas, sans une ferme résolution; il faut être impitoyable comme lui. A qui donc reviendra l'honneur de nous débarrasser du système? La Chambre peut compter sur ses vigoureux athlètes; ce n'est pas l'indignation qui leur manque; le dégoût, ils en ont par-dessus la tête: que leur manque-t-il donc? Je vais le dire: un principe auquel ils rattachent tous les efforts partiels; le pouvoir leur viendra avec l'hommage qu'ils rendront à 1830 avec la persévérance dans le succès de la maxime révolutionnaire, avec cela, ils nettoieront la place, et commanderont à la France et à l'Europe.

Qu'ils le veuillent ou qu'ils ne le veuillent, le principe n'a nul besoin de qui que ce soit; on l'a dit: un homme n'est pas nécessaire; 1830 fera son tour de France et d'Europe sans avoir aucune obligation à personne; mais il n'est pas moins regrettable qu'on s'obstine à honorer encore les mêmes Dieux que le juste-milieu, qu'on garde des ménagements avec eux, et que l'on craigne de les blesser? que dans cette vue on en vienne à faire de bons discours dont la finale soit dans un sens combattu par les prémisses; s'agit-il de la guerre du Maroc; les orateurs de la gauche prouvent que cette guerre était juste; les systématiques le savent bien; mais ils répondent que l'Angleterre n'en voulait pas et par cette raison; ils soutiennent qu'ils ne devaient pas la faire: comment les orateurs de la gauche se tirent-ils de l'objection? mollement; ils soutiennent que l'Angleterre est trop juste pour s'opposer à l'exercice d'un droit, que la civilisation y est trop avancée pour qu'on ait à craindre une opposition sérieuse de sa part; là dessus, ils font de beaux compliments à l'Angleterre sur sa politique, sur le nombre de ses fabriques et de ses marchands. C'est un Gustave de Beaumont entre autres qui se charge du panégirique et l'envoie à son adresse: eh bien, suffisait-il de faire un beau discours, ou pour mieux dire, un discours est-il beau quand il pèche par la base, quand il est troué et percé à jour, quand il est sentimental au lieu d'être national? Non, il n'est personne qui ne sache que c'en était fait du Maroc, sans l'intervention de l'Angleterre, et il convenait peu à la dignité du côté gauche de s'adresser à la générosité d'un ennemi, pour lui supposer un mérite qu'il n'a pas eu, et qu'il ne voulait pas avoir: aussi n'a-t-on rien avancé, on a parlé pour dire de belles choses ; mais on n'a pas suffisamment étudié la question anglaise, on n'a pas approfondi le motif tout radical de l'Angleterre ; et pourquoi ne pas le dire ? on n'a pas bien compris le *casus belli*. Le système l'a mieux apprécié, lui ; il a bien vu qu'il ne pouvait pas se tirer de sa guerre du Maroc sans se mettre à dos l'Angleterre, et le système a filé doux ; un peu plus il faisait des excuses à l'empereur du Maroc, à Abdel-Kader, aux Bédouins et aux Anglais ; il demandait grâce pour nos victoires sur terre et sur mer : et qui peut affirmer qu'il n'en soit pas venu là à Windsor ?

Le même défaut de résolution se trouve dans l'affaire de Taïti ; que disait l'opposition, M. Dupin surtout, nouveau venu, qui devait bien connaître le territoire doctrinaire ; il disait que la France ne devait rien ni à l'Angleterre ni à M. Pritchard, on s'en doutait bien ; mais ce M. Dupin ne disait pas que c'était l'Angleterre qui nous devait et argent et réparation d'honneur ; qu'il fallait l'amener à reconnaître ses torts et à donner des écus. Manière commode, sans doute, de faire de l'opposition à des ministres, surtout sans contrarier leur système, manière aussi pour un autre que M. Dupin de ménager son entrée au conseil des ministres, nouvelle manière de faire le sacrifice de ses intérêts : tout cela n'est pas de la guerre, ni à l'Angleterre ni au système. Le portefeuille est trop évidemment l'enjeu de cette sorte de combat. A qui fera-t-on croire que M. Guizot est le maître de conduire les affaires extérieures comme il lui plaît, est-ce qu'il ne s'est pas livré corps et âme au parti de la paix à tout prix, est-ce qu'il lui est permis de faire autres choses que toucher ses appointements, est-ce qu'il exerce un commandement ailleurs que sur ses laquais? les orateurs de l'opposition, anciens ou modernes, si modernes qu'on le voudra, savent bien tout cela, pourquoi s'obstiner à mettre sur le compte de M. Guizot, ce qui est à la charge du parti de la paix? pourquoi ne pas dire tout bonnement que le système de la paix partout et toujours est compromis dans l'affaire de Taïti, comme dans l'affaire du Maroc ? il semble pourtant que c'est assez clair, et quel profit aurions-nous fait quand on aurait remplacé M. Guizot par un autre qui aurait présenté la quittance de M. Pritchard à l'enregistrement de la Chambre, se fondant sur un fait accompli, au lieu de conserver M. Guizot, lui-même pour exhiber devant la France et l'Europe sa noble quittance? S'il y a quelque chose de piquant dans cette affaire, c'est bien ce me semble le dernier acte joué par un même acteur.

Ne parlez pas de cette espèce d'orateurs qui se passent de l'un à l'autre l'argument favori; on sait trop bien pour qui ils plaident, ces hommes là; ils ont, eux et tant d'autres, un genre de patrie, en forme de ceinturon qui ne les quitte jamais; élastique comme le vide qu'ils remarquent dans leurs poches quand ils sont sans place, et je ne donnerais pas un centime de leurs meilleurs discours; je les crois tout aussi capables que M. Guizot de tendre le dos à tous les genres de responsabilité, et je ne vois dans leur opposition, que la carence de l'argument irrésistible; la surexcitation vient de là; et leur éloquence est pleine de convoitise pour les douceurs d'un budget; je range à peu près au même niveau tous les coureurs de portefeuille de cette partie de la Chambre, sauf un seul, qu'on appelle l'appoint du ministère ou de l'opposition, et je verrais avec le plus grand plaisir que tout le monde fût aussi édifié que moi sur cette question subalterne. Aussi, tant que la gauche laissera la parole à ces patriotes-là, tant qu'elle ne se fatiguera pas de les entendre plaider le pour ou le contre, tant qu'elle ne voudra pas distinguer entre la mise à pied et la disponibilité; je ne fais pas beaucoup de fonds de son opposition, si tenace qu'elle soit; faut-il lui rappeler que M. Thïers, ministre, avait défendu aux Anglais d'abattre les murs de Saint-Jean d'Acre, ils l'ont servi à souhait, ils ont brûlé une partie de la ville; tant d'autres choses qu'il leur avait défendues et qu'ils ont faites, le prenant pour un zéro en ministre. Du reste il a pris sa revanche, il leur a défendu de bombarder la lune, et ils ont déféré aux injonctions du premier ministre des Français; et, ils ne se sont pas donné ce tort si grave aux yeux de M. Thiers, que s'ils l'avaient osé; le premier ministre ordonnait à ses troupes de se ranger en bataille, et de rentrer au port ; car il s'agit de l'armée navale. Systématiques quand ils sont au pouvoir, opposants quand ils n'y sont plus, que peut-on faire de pareils hommes, et le côté gauche est-il donc si pauvre qu'il ne puisse dignement occuper la tribune de France : il faut se convaincre une bonne fois que les rhéteurs qui passent d'un système à un autre, ne sont pas des hommes; la tolérance ne peut s'appliquer qu'à un changement d'opinion sur une question particulière que les hommes d'une même couleur peuvent envisager sous diverses nuances. La discussion alors peut éclairer les discordants; mais changer du blanc au rouge, du rouge au blanc, selon que l'on est en place ou qu'on n'y est pas! Fi donc.

J'entendrai volontiers parler M. le duc de Broglie, l'orateur le plus habile du juste-milieu; celui-là au moins vous expose toutes les misères du système, il ne vous dit pas qu'il fait bien, il vous dit qu'il ne peut faire autrement; il ne soutient pas que l'Angleterre allait nous regarder conquérir le Maroc, il avoue qu'il ne ferait pas la guerre à l'Angleterre pour l'empire du Maroc; que l'une des nécessités de la situation est de maintenir l'alliance anglaise, qu'il voit là le succès de la France et le bonheur de ses peuples : C'est une erreur; mais il parle comme il pense et ne tergiverse pas dans sa manière de voir : insinuant et persuasif, il cache les défauts de sa thèse sous les dehors d'une bonhomie à laquelle toutefois il ne faut pas se laisser prendre; il sait partir d'un point douteux pour en faire plus tard une vérité; et, à l'aide de cette souplesse de langage, de ce poli de la discussion, qui fait de lui un orateur sans égal, il vous mène partout où il a dessein de vous conduire : on doit à la fois redouter le charme de son style et regretter qu'il soit né grand seigneur; moins élevé en dignité, il se serait peut-être fait une opinion plus nette des besoins de ce siècle. Au moins celui-là, vous dit-il quelque chose, et pouvez-vous bien saisir sa pensée; il vous la livre toute entière

Je ne me consume pas en éloges, qu'on veuille bien me pardonner celui-là; où serait l'obligation de se maintenir dans une carrière hérissée de ministres, d'orateurs à la Hébert et à la Fulchiron, et enfin hérissée de systèmes ; passe encore si je touchais au terme, si je pouvais en toute sûreté abandonner la partie et laisser là le système, désignant les gauchers par cette apostrophe : Vous avez construit les forts, que ne fondez-vous l'airain pour les armer ?

FORTIFICATIONS.

QUESTION INTÉRIEURE.

La cage est faite. Le *National* est dedans : il sera martyr et canonnisé ; point de *vidi, vici* pour un César enveloppé de sa couche de moellon.

On se moque déjà des grands enfants qui pleurent quand ils se blessent, après avoir *pleuré* pour obtenir les ciseaux. L'observatoire ne sert à rien pour découvrir les secrets *d'ici-bas :* sachons voir la question de plus haut? il y va du devoir de s'attaquer à forte partie, de ne rien omettre ; sans sortir du cercle de fer tracé par les lois de septembre ; la patrie en larmes l'exige : Essayons de jeter quelques gouttes d'eau sur un foyer et de déterminer les ministres à peser le *pour* et le CONTRE de leur entreprise.

Les fortifications ne serviront à rien contre l'ennemi : Qui en doute? il faut démontrer qu'elles serviront à moins que rien contre la ville et le libéralisme.

N'hésitons pas davantage à remonter à la grande querelle du système et de la Chambre ; c'est la vérité qu'il faut afficher en ce moment : Admettons que la Chambre ne puisse triompher, qu'elle soit entravée dans sa marche si elle escalade le pouvoir; admettons que le système pénètre partout, qu'il domine sans contrôle, et, soutenons que le système est plus près de sa perte à mesure que la force matérielle lui vient; que plus il grandit plus il s'éloigne de l'immortel principe ; et plus la difficulté devient grande, insurmontable : pour lui complaire, livrons les postes à l'intérieur comme à l'extérieur : que rien ne lui manque, ni l'armement des forts et des murailles, ni le désarmement de ses ennemis, pas même la révélation de son impuissance.

Armé de toutes pièces, le système n'est pas plus capable qu'aujourd'hui de parer au moindre revers, de supporter l'effet d'une calamité publique ; sa destinée est de périr de sa propre main, ou de s'abîmer sous l'instrument de sa ruine : que pense-t-il de cette proposition? suppose-t-il que je ne saurai pas loger dans sa poitrine le trait que je décoche sur lui : que peut-il dire de cette générosité, il n'y a ni lésinerie ni mesquinerie à lui livrer sans coup férir tous les postes au-dedans et au-dehors de la place, garnis de bouches à feu et des *manœuvres* nécessaires avec les comestibles et combustibles en plus : je ne retranche rien, et quelques soient les obstacles qu'il rencontre, pour en venir là, j'admets qu'il les surmonte; et pour aller plus vite, j'accorde que la permission d'armer des forts ne se demande qu'à une époque, où les canons sont déjà tout prêts ou braqués sur la place : c'est connu! L'illégalité ou la légalité, vient un temps où c'est la même chose ; il y a d'ailleurs une maxime favorite attribuée à un grand personnage de laquelle il résulte *que le succès est tout*, le moyen bon ou mauvais, peu importe : morts en martyrs ou tués les armes à la main, les habitants de la rue Transnonain et du faubourg de la Guillotière n'y reviennent pas : avec une telle maxime on peut déployer sa marchandise et débiter ses grenades ; à quoi sert de se montrer plus écolier que le système, de ne pas lui concéder, qu'il saura bien s'y prendre de manière à ce que tous les forts et les murailles soient armés à temps ; ce n'est pas là ce qui l'embarrasse ni moi ; le tout est dans la manière d'en user! à l'œuvre?

Si j'ai bien examiné tous les ouvrages extérieurs de la place, il me semble que les forts élevés pour se prêter un mutuel appui, communiquant de l'un à l'autre par une route militaire, ne sont pas moins indépendants les uns des autres ; et de là, je tire une première conséquence, c'est qu'il faut que le système soit bien sûr que les gouverneurs de chaque fort lui seront bien fidèles. Le gouverneur d'un fort est roi dans ses murailles, il commande sans observation ; il n'y laisse pénétrer que les nouvelles qu'il lui plaît d'accréditer, si ce gouverneur a une inclination secrète pour un autre système, s'il veut autre chose que ce que veulent les ministres, d'abord il exécutera noblement les ordres qui lui seront donnés; il se conformera à la lettre et non à l'esprit de ses instructions, et quand il verra qu'il n'y a plus rien à craindre pour lui à se prononcer dans un sens défavorable au système, qui l'en empêchera? qui pourra l'en empêcher? qui arrêtera sa main si elle devient menaçante et criminelle, où sera la force coercitive? où, la force prohibitoire, quand d'un seul mot il pourra compromettre la sûreté de Paris, ordonner le feu si on lui résiste.

Eh, mon Dieu ? j'admets que les généraux ne sont pas des traîtres, j'admets qu'il est rare, impossible même d'en trouver, bien que le passé soit encore assez près de nous; aussi ne parlais-je que des temps difficiles, des époques d'incertitude, de ces mauvais jours où la méfiance est dans les idées et dans les cœurs, où personne ne sait plus ni ce qu'il doit ni ce qu'il ne doit pas; enfin de ces époques pour lesquelles justement on a fait les forts; c'est alors que non-seulement il faut pouvoir compter sur la fidélité de tous les gouverneurs, qu'il ne faut pas qu'un seul s'écarte de son devoir, prête l'oreille à une proposition d'avancement; et j'avoue que le système sera bien heureux, bien favorisé du sort, si rien ne vient le surprendre dans sa quiétude; je sais que des postes si importants ne se donnent qu'à des hommes dès longtemps éprouvés; que le dévouement chez eux doit l'emporter sur le mérite, encore faut-il que ces hommes soient entièrement irréprochables, qu'ils n'aient jamais servi d'autres maîtres, qu'aucun souvenir si lointain qu'il soit ne puisse les émouvoir; il n'en faut pas moins de dix-sept, tous déterminés à suivre la bonne ou la mauvaise fortune, on en trouverait plus de dix-sept en France, la difficulté n'est pas là, elle est *dans le choix,* dans la possibilité d'une erreur, dans les apparences de dévouement que l'on peut prendre pour le dévouement lui-même ; et, suivant moi, cette difficulté est insurmontable. Dans l'état de décomposition morale où le système a jeté l'élite de la société, je ne me ferais pas fort de trouver les dix-sept hommes dont il a besoin, sans compter le nombre immense de chefs de corps nécessaires au service des murailles, je ne voudrais les garantir ni les uns ni les autres ; et tout homme de bonne foi conviendra que pour être humiliantes les choses que je dis ne sont pas moins justes. Le système n'est pas plus privilégié qu'un autre ; le ministère n'obtiendra pas des gouverneurs indépendants de lui, ce que Napoléon n'a pu obtenir des généraux en chef avec lesquels la force des choses l'avait obligé de partager son pouvoir ; ce n'est pas lui, Napoléon instruit à l'école des traîtres, qui aurait créé tout exprès une position indépendante à dix-sept généraux, qui leur aurait livré tout l'avenir de la monarchie et de la France ; ce genre de ruse était réservé à des ministres de juste-milieu qui ne voient rien au-delà d'une misérable querelle de portefeuille, qui sacrifient tout jusqu'à la société à une question de majorité et d'amour-propre exalté.

Les gouverneurs ne seront pas fidèles ; mais s'ils le sont : la belle avance, ma foi, le système suppose-t-il que je sois pris avec lui dans ses forts? pas du tout : s'ils sont fidèles, le système en est plus à plaindre ! s'ils sont fidèles ils exécuteront les ordres du système ; ces ordres seront durs et impitoyables ; l'exécution aura un profond retentissement, de toutes parts le peuple s'éveillera au bruit du canon ; ce ne sera pas seulement de la place qu'il s'entendra, ce sera de la frontière de France ; la première détonnation une fois partie, même à poudre, sans boulet ni mitraille, commandera toutes les autres ; on ne pourra s'en tenir à une seule, avant tout il faut éluder les sifflets ; et le moyen quel est-il? Si ce n'est de recommencer sans cesse jusqu'à ce que les échevins et le prévôt des marchands aient apporté leurs hommages aux pieds des ministres ; soit : cela peut être ;

cela peut bien aussi ne pas se réaliser ; quel fonds peut-on faire d'un problème ? est-ce bien dans la classe des marchands et des riches que se trouveront les forces du parti opposé? ceux-là seront-ils encore dans la ville, j'en doute, seront-ils vivants ou morts ! le système l'ignore le peuple ne prendra-t-il pas goût à se gouverner lui même? l'avenir nous le révélera, une fois enlevé à ses habitudes de travail et d'économie, fier de porter son arme, voudra-t-il la quitter, rentrer à son atelier comme au retour d'une promenade? Je ne sais rien de tout cela : je ne m'inquiète pas moins des suites de la grande affaire des fortifications et des forts ; j'y vois des grands périls pour la monarchie et pour le peuple, j'y vois l'asservissement de la capitale, je suis sûr d'une seule chose, c'est que le parti vainqueur gardera les forts et les murailles, qu'il ne les rendra pas aux bourgeois de Paris, que le parti vainqueur, vaincu à son tour, pourra faire beaucoup de mal à la place avant la défaite : tout cela est bien triste ; avant d'élever ces monuments de terreur, il fallait donc prévoir que l'homogénéité serait possible en France, que la même opinion y régnerait toujours, qu'il n'y aurait qu'une foi, qu'une loi ; et quand il n'y a ni foi ni loi, quand chacun n'obéit qu'à son intérêt, quand l'un ou plusieurs des forts peut se trouver d'un instant à l'autre au pouvoir d'un traître, a-t-on le droit de renouveler cette exclamation? pauvre ville, pauvres habitants : toute sécurité a disparu ; le commerce vivifiant pour une si grande population, est interrompu ; les affaires suspendues, les capitaux hors des murs, partis. Est-ce là le bonheur tant promis, ou la justification de tous ceux qui voulaient interner le système dans la charte, et qu'on appelait, républicains, terroristes pour les faire haïr et condamner le plus sévèrement possible? Quel crime a donc commis la ville de Paris ? qu'a-t-elle fait la malheureuse ville pour mériter un si triste sort? Elle a sauvé la France des mains de l'absolutisme et des Jésuites ; elle a payé de son sang l'établissement d'une charte sans article 14, et, en récompense, elle est investie par une ligne de circonvallation soutenue de dix-sept forts formant contravallation, plus terrible pour elle que le vieux roi et sa vieille charte; déjà, elle ne compte plus au nombre des villes de France que sous le bon plaisir des ministres; elle sera bientôt obligée, sans doute, d'étudier leurs caprices, de satisfaire à leurs moindre désirs, sinon elle périra dans les flammes! Ah! c'en est trop, disons-le à l'honneur de ces tristes personnages, ils n'avaient pas prévu toutes les calamités qu'ils allaient attirer sur la place, plus éclairés ils voyaient l'abîme et reculaient eux-mêmes pleins d'épouvante et d'horreur. A présent, il n'est plus temps de réfléchir, les travaux ont reçu la dernière main de l'ouvrier, voulut-on les détruire, il n'est pas certain, qu'un parti politique ne s'emparât pas de quelque point fortifié; la déconvenue serait telle qu'elle équivaudrait à une retraite générale; le système, lui-même se trouve donc enlacé dans son enceinte; il n'en peut rien faire, et est obligé de s'en remettre aux plus mauvais jours de la patrie pour juger de l'effet que produiront les terribles murailles.

Appliquées à une ville de second ordre comme Lyon et Rouen, quand le siége du gouvernement est ailleurs, elles peuvent servir à comprimer la population; appliquées à une ville comme Paris, elles donnent un élan de plus à l'esprit révolutionnaire, elles ajoutent des difficultés à son énergie, et si on ignore au profit de qui elles tourneront, on n'ignore pas qu'elles tourneront au détriment de la capitale. Les fortifications sont le brandon de la discorde entre les citoyens, l'appât jeté à l'ennemi pour l'attirer sur Paris, la transformation d'une ville commerçante et riche en une place de guerre qui sera abandonnée à ses oppresseurs, par les commerçants et les riches, et dont les octrois diminueront à la première catastrophe. Le système a beaucoup gagné à faire nommer toujours les mêmes Députés, à exclure les prolétaires de la députation et de l'élection, à ne se faire éclairer par personne et à jeter une faveur en échange d'une boule; il a gagné la ruine du commerce des principales villes de France, *les ruines de Paris*, et la perturbation dans les intérêts de tous. Où est donc la sagesse; quel est l'ennemi, de celui qui montre le péril ou de ceux qui l'ont fait naître, qui n'ont pas eu assez d'esprit pendant 4 ans pour s'arrêter dans une voie funeste; et tout cela, pour lutter contre un principe indestructible, pour abattre qui a déjà soumis toute l'Europe, qui la soumettra au premier jour ; et, des hommes, dans leur folle vanité, ont osé se mesurer avec lui, se fortifier contre la raison écrite, opposer des murailles à une idée, emprisonner la pensée dans une immense appareil de guerre, comme si la pensée ne venait pas de Dieu, et n'était pas disséminée sur toute la terre; ces hommes ont prétendu au génie politique, ils ont déclaré que hors l'étroite enceinte de leur système, il n'y avait rien de possible au peuple, ils ont tremblé pour trente-trois millions d'habitans; il faut avouer que s'il ne s'agissait pas de discussions sérieuses, ils mériteraient qu'on s'écartât des règles de la dignité du langage pour les appeler par leur nom.

Songez donc bien, messieurs les ministres, que le tort fait à la ville de Paris, à la France et à la monarchie est irréparable, qu'il vous faut au plus vite vider les lieux et laisser la place à des hommes plus avisés que vous, qui se donneront la peine d'être ministres, qui ne travailleront pas le jour seulement où il faut faire un discours d'apparat, leur unique soin sera de déblayer le terrain sur lequel vous avez conduit la monarchie, de lui rendre toute sa force, énervée qu'elle est par les fausses mesures que vous avez prises ; ce n'est pas l'affaire d'un jour d'enlever pièce à pièce les matériaux que vous avez si imprudemment entassés; mais la chose est possible avec le temps et l'à-propos ; la France se fatigue très fort du triste rôle que vous jouez au timon des affaires publiques, n'en avez-vous pas assez ? est-ce bien la peine de vous dire autre chose, de vous prouver que vous n'entendez rien, ni aux affaires d'une monarchie constitutionnelle, ni aux intérêts d'une monarchie absolue; cela vous étonne? vous vous récriez, je crois ? serais-je dans la question ? reprocheriez-vous par hasard à mes arguments de ne rien valoir contre le despotisme et de s'appliquer au régime libéral que vous réprouvez? attendez, avant de vous réjouir, vous n'aurez pas cette légère satisfaction, je dois vous débusquer de ce dernier refuge, et vous en chasser comme de vos retranchements; la belle chose que je ferais si je ne comprenais pas votre arrière-pensée, si je ne la devinais pas, si je ne la combattais pas à outrance.

Cette discussion peut être bonne, dites-vous, pour le peuple, mais elle ne s'applique pas aux règles d'un gouvernement fort et despotique.

Erreur, plus l'état serait despotique, et plus la place forte lui susciterait d'embarras, il n'y trouverait pas un seul défenseur, et du haut des forts il serait réduit à tirer sur les siens qu'il aurait *internés* pour comprimer l'intérieur, le ministère n'est pas heureux dans son arrière-pensée.

FAMILLE ROYALE.

Le système ne dit pas tout ce qu'il veut: à coup sûr, il veut l'unité du pouvoir monarchique pendant la vie et après la mort du Roi, il serait assez curieux de prouver qu'il est en contradiction avec lui-même et de l'obliger à revenir sur ses pas; attaquons le ministère par son idée favorite, le despotisme, aussi bien est-ce le moyen de se rendre son attention favorable: où le ministère a-t-il pu prendre, dans quel pays a-t-il vu, dans quelle histoire, ancienne ou moderne, a-t-il lu que les ministres conférassent aux enfants du Roi, au fur et mesure de leur sortie des écoles, les emplois civils ou militaires les plus importants du royaume? est-ce bien dans l'intérêt du principe monarchique, pour l'unité de son action que prétend avoir agi le ministère? alors il faut convenir que le ministère n'entend rien à l'établissement d'une monarchie: on croira sans peine qu'il n'entre pas dans mes projets de lui donner le conseil de se défaire des princes par le procédé usité à Constantinople; mais il n'est pas moins vrai qu'ici le ministère n'a pas montré son juste-milieu entre l'adoption d'un usage barbare et le parti peu sage qu'il a pris, le ministère pouvait très-bien honorer et chérir les enfants du Roi, et cependant en agir prudemment avec eux dans l'intérêt de la monarchie, les fils des rois sont des princes, ils doivent à une haute naissance une position considérable dans le monde; cette position est grande et élevée du vivant de leur père, elle grandit encore après l'événement douloureux qui sépare le peuple de son roi; ne serait-il pas sage que le peuple s'accoutumât dès le principe à ne connaître bien particulièrement que le seul rejeton de la couronne qui doit succéder au roi; l'ordre monarchique, sa durée, ses lois, son existence de tous les temps, n'a-t-elle pas prescrit l'emploi d'une telle réserve en pareille circonstance, la France enfin est donc faite différemment qu'un autre pays, qu'elle même, autrefois? ce qui était bon dans un temps ne vaut donc rien aujourd'hui? qui donc obligeait le ministère à contresigner des ordonnances évidemment contraires à l'unité du principe monarchique, à n'employer aucune de ces sages précautions qui firent le tourment et la préoccupation des anciens rois de tous les pays, pères d'une nombreuse famille; à coup sûr, il n'est personne qui ait pu se formaliser de ce que les enfants du Roi fussent pourvus d'une éducation brillante et solide, princes du sang, ils devaient tout apprendre; leur éducation n'était pas achevée si on ne les formait au métier des armes, théoriquement parlant, a-t-on suffisamment réfléchi à tous les avantages d'une filiation royale, dans la personne d'un général en chef, réunis à la valeur et au mérite personnel? Non, on n'a pas prévu davantage que le prince peut, dans la suite, recevoir de mauvais conseils, être trompé par un adroit rhéteur et faire obstacle au développement de l'unité monarchique; je m'arrête où je n'ai pas le droit de pénétrer, j'en ai dit assez pour faire comprendre que je ne suis avili par aucune passion haineuse, mais je ne déplore pas moins la fatalité qui a voulu que le ministère fit un si triste usage du droit de conférer les emplois, qu'il s'occupât si médiocrement de l'avenir de notre monarchie; je n'enlève rien aux membres de la famille d'Orléans, de leurs vertus privées et dynastiques; est-ce une raison pour ne pas dire que si, au temps de Louis XVI, alors que sage monarque, il faisait à son peuple des concessions raisonnables, les frères du roi avaient nominativement occupé des postes considérables dans l'armée de terre ou de mer, il est douteux qu'ils se fussent bornés à une simple protestation écrite, à des prières, à des larmes versées dans le sein d'un frère et qu'ils n'eussent pas détourné au profit de leur politique personnelle, les commandements militaires dont les aurait pourvus la confiance du Roi; plus tard, quand Louis XVI s'adressa à M. le marquis de Bouillé sur la route de Varennes, il n'est nullement impossible d'admettre qu'il se fut adressé à ses frères s'il avaient eu la puissance matérielle sous la main; on voit donc qu'il n'est sorte d'éventualité dangereuse que le ministère n'ait accumulée sur la France, et que ces réflexions sont d'autant plus graves que l'héritier de la couronne M. le comte de Paris est à peine sorti de la première enfance; la France le voit grandir avec joie; mais elle ne regrette pas moins qu'il ne soit beaucoup plus jeune que ses oncles; elle voit avec douleur que si la constitution lui donne sur eux l'avantage, la nature le lui enlève; que la jeunesse relative du nouveau Roi peut l'exposer à subir des influences; ces influences se développer en sens contraire après la mort du vieux roi, père de famille; et qu'il est possible que l'union ne soit pas toujours si intime après qu'avant la mort du Roi.

Si c'est un mal d'avoir conféré les emplois, le mal est fait maintenant, les princes ont fait leurs preuves : est-ce une raison pour ne pas tarir les sources très-éventuelles, il est vrai, d'une préoccupation sérieuse, en laissant aux princes toute leur gloire bien chère à la France, et en les invitant à résigner le commandement des armées de terre et de mer. L'unité d'action dans une monarchie exige ce sacrifice tout patriotique; les princes en savent plus qu'il n'en faut pour être rois si l'hérédité les appelle au trône; mais ils sont trop puissants comme membres de la famille royale pour occuper les postes les plus importants de l'armée! Encore une fois, ce n'est pas sans y avoir mûrement réfléchi que j'émets cet avis : je ne veux ni la révolution, ni la guerre civile et je désapprouve formellement que dans une monarchie on mette en avant, en toute occasion, d'autres noms que le nom du Roi et de M. le comte de Paris : je veux la charte dans ce qu'elle a de gênant et de profitable au pouvoir; je soutiens que le Roi et son petit-fils doivent concentrer sur eux toute l'affection populaire; que les princes ont le droit de se concilier l'estime et la considération publiques ; et qu'il est souverainement indispensable, de ne faire trop admirer, ni leur mériteni leurs talents militaires, cela ne peut rien présager de favorable; comparons les princes à un dépôt précieux appartenant à la France dont elle pourra faire usage au besoin en cas de vacance du trône, le rôle est encore assez beau, tant d'autres s'en contenteraient, qu'il n'est pas invraisemblable que les princes ne se soumettent d'eux-mêmes aux exigences du principe monarchique et de son unité d'action. Le système est faux sur ce point comme sur tout le reste, j'ajoute qu'il est de plus inconséquent, et qu'il se crée lui-même des obstacles.

Est-ce tout? non : la question mérite un examen plus approfondi : explorons-là pour l'avenir : nous sommes tous mortels, la faux se promène sur nos têtes, elle peut d'un jour à l'autre nous affliger bien profondément par la mort du Roi; le trône est occupé nominativement par M. le comte de Paris et réellement par M. le Régent jusqu'à la majorité du comte; ce n'est pas soutenir une thèse bien révolutionnaire que supposer un changement de ministres, dut M. le Régent les extraire du même parti, s'il fait encore acte de présence, et ne fut-ce que pour les assortir à son âge, à ses goûts, à la virilité de ses conceptions, des ministres tous neufs, un roi tout neuf; c'est autant qu'il en faut pour entraîner quelque changement dans la direction des affaires : de deux choses l'une, M. le Régent consultera ses frères ou il ne les consultera pas, s'il les consulte, l'unité du principe monarchique peut disparaître : dans la presse on voudra pénétrer les intentions de chaque prince, on fera l'analyse de ses goûts, de ses habitudes, de son caractère, on s'efforcera de se le rendre favorable, on lui donnera plus de mérite qu'au Régent lui-même; les ministres seront fort embarrassés quand ils n'auront pas pour eux l'assentiment des quatre princes, chacun d'eux voudra se maintenir dans la faveur de tous, et la supposition même d'un dissentiment que les princes ne laisseront jamais éclater ni en public, ni devant les ministres, tant leur amour pour le bien public est grand, pourra suffire pour paralyser les projets du ministère; on sera forcé de ménager toutes leurs susceptibilités parce qu'on les aura pourvus d'un trop grand pouvoir : on perdra le temps à discuter, les affaires languiront, le ministère se discréditera, les factieux seront aux aguets.

S'il ne les consulte pas, ce sera pire encore, on dira que le Régent se laisse conduire par son ministère; qu'il a reconnu en ses frères plus de mérite qu'en lui-même, qu'il est jaloux de leur supériorité relative, qui sait tout ce qu'on inventera pour provoquer la mauvaise humeur des princes; on n'y parviendra pas, mais le Régent, fatigué de ce qu'on appelle, en certains lieux, les criailleries de la presse, sans savoir de quel côté est la bonne ou la mauvaise, voudra mettre un terme à toutes ces suppositions; il éloignera de Paris les princes, il les confinera dans leurs commandements respectifs, autre inconvénient plus grave que tous les autres, les princes tiendront une cour dans les provinces, ils mèneront un train considérable, personne ne les approchera ni par le rang, ni par la fortune, on se conciliera leur faveur comme celle du Régent; on leur parlera de tout un peu ; on cherchera à connaître leur avis qu'ils ne donneront pas sur la nomination de tel ou tel député ; les emplois dans toute la division seront donnés sur leur apostille, ou au moins quand le ministère sera sûr que le prince ne peut désapprouver telle ou telle promotion, qu'il n'a aucune raison pour cela ; le ministère sondera la pensée du prince, quelque soit la réserve et la discrétion de ce dernier.

Dans le chef-lieu on dira qu'il vaut autant s'adresser au prince qu'au Régent, on croira ce qui n'est pas, on ne croira pas ce qui est; plus on discutera sur ce point, moins on s'entendra, personne ne voudra dire la vérité, l'un pour ne pas déplaire au Régent, l'autre au prince. Combien de temps cela durera-t-il ? La perfidie, la mauvaise humeur des désappointés inventera quelque bonne fable dont le Régent ou les princes pourront être dupes; pour en finir, les princes seront admis à faire valoir leurs droits à la retraite; plus jeunes que le Régent, ils trouveront cela extraordinaire, et ils se soumettront; où iront-ils, que feront-ils? Leur place est à Paris, Ils y reviendront, nouvel embarras: les solliciteurs des provinces, les ambitieux de tous les rangs recommenceront leurs menées; quand ils n'auront pas réussi près de l'un, ils iront chez un autre, ils verront dans la personne des princes des hommes d'une considération immense, pourvus d'une fortune fabuleuse par son chiffre. Les princes sentiront tout le mal que leur intervention, même détournée pourrait faire à l'unité du principe monarchique ils s'effaceront, et pour couper court à toute importunité, ils s'enfermeront dans leur palais, et ne seront chez eux pour personne. Autre raison de les calomnier, de calomnier M. le Régent ou son ministère, on ne manquera pas de dire que la discorde est au sein de la famille royale, on donnera tous les torts à M. le Régent.

L'ancienne monarchie ne s'est jamais départie d'une sage circonspection dans ses rapports avec les princes. Si parfois elle leur donnait le commandement des armées, elle avait soin de limiter leur influence politique, et y mettait une telle rigueur, qu'ils devaient s'estimer très-heureux, si elle leur pardonnait la gloire acquise sur les champs de bataille. Condé fut puni de ses victoires; plus il était grand, plus il donnait d'ombrage à la régente et à Mazarin; on craignit pour la couronne du roi mineur: inutile de pousser le parallèle plus loin: rappelons, que Condé n'avait rien fait pour autoriser le moindre soupçon, il ne subit pas moins la détention, et dut s'estimer fort heureux de ce que Mazarin lui avait laissé la vie: n'est-ce rien que passer des années entières dans les plus funestes pressentiments.

La conséquence n'est pas difficile à tirer; les princes de la famille royale doivent rester princes, honorés dans leur rang et leurs vertus, mais sans commandement dans les armées; l'intérêt sainement entendu de M. le comte de Paris et de l'unité monarchique prescrivent l'adoption de cette mesure ; et on s'étonne que les conservateurs se fassent dire ces choses-là ; une telle conduite jure tant avec leurs doctrines, qu'on est tenté de croire qu'ils ne sont pas libres dans leur sphère, et qu'ils ont sacrifié jusqu'à leurs convictions les plus intimes pour se traîner à la suite d'une pensée dirigeante : les conservateurs ne sont pas des hommes, ils sont des esclaves.

DÉPRAVATION.

J'ai donné suffisamment à réfléchir par le peu de développement que comportaient des thèses si dangereuses ; je ne veux point revenir sur le passé ; mais, lié par le sujet que je traite, il me faut pénétrer jusque dans les antres de la corruption. Ce genre de guerre ou principe de 1830, l'un des plus dangereux de tous, mérite assurément l'honneur de figurer dans une catilinaire.

Obligée de maintenir la centralisation administrative, pour sa sûreté extérieure, la France a fait de vains efforts pour détacher du rouage administratif indispensable à sa puissance, les libertés provinciales qui seules devaient produire une amélioration considérable dans la constitution sociale ; mais, autant le patriotisme individuel a fait preuve de bonnes intentions, autant le pouvoir a mis d'application à s'y opposer. Le Mans, Angers et Toulouse, ces trois grandes villes étaient destinées à mettre en évidence les défauts les plus éclatants de la centralisation administrative, appliquée à tous les détails intérieurs de chaque localité Les souvenirs récents et actuels dispensent de tout commentaire, allons droit au but.

Le pouvoir s'est donc emparé du principe de la centralisation, admis par tous les hommes graves, pour introduire les abus les plus révoltants ; et, qu'on ne s'y trompe pas, c'est particulièrement à ces abus, que la France est redevable de son abaissement au dehors, et de sa décomposition sociale au dedans. Avec une aussi grande étendue de pouvoir, il suffit à un ministre de donner à comprendre que l'interprétation de chaque texte doit se faire dans un sens ou dans un autre, pour être assuré du succès de sa manœuvre : il tient dans sa main, par les menaces de destitution qu'il ne se donne plus même la peine de réitérer, tous les ressorts de sa machine administrative, et alors, s'il donne dans un faux système, on peut être sûr qu'il n'est pas une seule bourgade de la France exempte de ce genre d'oppression. Tout d'abord, les citoyens étonnés menacent de résistance, ils s'arrangent de manière à n'être pas atteints par la mesure extra-légale; ils ont bientôt abandonné leurs projets quand ils voient que la France entière n'est pas plus épargnée qu'eux-mêmes, qu'ils auraient à développer un civisme isolé! la défiance universelle est le prix, pour l'administration, de cette sourde guerre aux institutions qu'elle ne peut encore attaquer de front, les fonctionnaires publics sont réduits à la même extrémité que les ministres, ils n'ont plus ni sympathie ni encouragement; et ils sentent bien que la sociabilité leur est interdite; les plus honorables se démettent de leurs fonctions; c'est là qu'est le profit pour le ministère; il les remplace par des solliciteurs, et est assuré que ce genre de fonctionnaires, ordinairement sans ressources, livré à lui corps et âme ne reculera devant aucune instruction venue de lui; que les habiles renchériront sur lui, et que le système sortira des efforts de cette population administrative implantée sur la surface du pays : venu à ce point, le système peut se développer; il n'a plus que cette prudence vulgaire et commune aux mal intentionnés qui doive le retenir dans un intérêt de conservation personnelle au ministère.

C'est ainsi que nous avons vu se produire les actes extra-légaux, les transformations de tous les sentiments les plus chers au peuple, les palinodies les plus extravagantes; on s'est dit le peuple aime la révolution, donnons lui des chansons; il est pénétré d'une vénération profonde pour les héros morts sur le champ de bataille de la liberté, vite une colonne de bronze, pour fasciner ses yeux ; il célébrerait en tumulte l'anniversaire de sa victoire, donnons-lui des fêtes ridicules, qui en imposent à ses sens! Le peuple se fatigue, à nous les cendres de Napoléon; que les héros de Juillet suivent le char funèbre du plus grand des tyrans (c'est un spectacle comme un autre pour des ennemis de la civilisation), et pour que rien ne manque à cette jonglerie politique, déployons un luxe tel que les habitans les plus paisibles, les plus calmes, soient les premiers à honorer cette fête lugubre, de la sorte nous n'avons rien à craindre de la pétulance des anciens serviteurs du grand homme; et l'on a vu les gens du système honorant en paroles les cendres du héros, quand ils ne révéraient en lui que l'invention et le perfectionnement de tous les rouages de la centralisation; et, pour qu'on ne pût s'y méprendre et aller trop vite dans la comparaison entre le système de la paix et la gloire personnifiée dans un souvenir, ils ont eu soin de marquer tout ce qu'ils voulaient, en étalant aux regards de la foule étonnée, la statue de Bonaparte en costume d'empereur romain ; si bien que l'artifice du programme, consistait à honorer le plébéien, de Neuilly à l'Étoile ; le général en chef, dans toute la longueur des Champs-Élysées, et plus bas, le tyran d'une république, celui que le système a posé en avant de la demeure des invalides pour leur rappeler que plus ils ont déployé de valeur sur le champ de bataille, moins ils ont servi la patrie; le despotisme d'un seul ayant fait son profit de leur gloire nationale.

De quel droit le système, en ce beau jour avait-il attristé les regards de la foule attendrie au souvenir du vainqueur de l'Europe, et quelle convenance y avait-il à montrer les défauts du grand homme, le jour même où tout se doit oublier. La solennité était donc pour un empire, et les profits de l'enterrement pour le système.

Trève pour les morts, revenons à notre sujet : que dire qui ne soit écrit dans toutes les consciences, le système a pris le rouage administratif de l'empire et de la restauration, il l'a manipulé dans le sens de la doctrine, et à l'heure qu'il est, il cherche encore s'il ne peut en tirer quelque chose de plus. Non, c'est fini, le bout de l'oreille s'aperçoit, les plus ignorants sont les plus savants ; ils se réjouissent à leur tour de voir qu'il n'est au pouvoir de personne de pousser à bout toute la population de France, que tôt ou tard une main invisible frappe le crime, partout où il lui plaît de se cacher ; elle le circonscrit dans de telles limites qu'il ne lui est plus possible de voir autre chose que le précipice et la chûte.

CONSOLATION.

Le dernier siècle, si fécond en grands hommes, me semble ne nous avoir pas légué toutes les théories désirables ; la science, j'ose le supposer, en est restée à un état d'imperfection qui peut, en certaine occurence, entraîner l'homme à faire fausse route : je prends les définitions, telles que nous les trouvons dans Montesquieu, Jean-Jacques et autres, et je ne vois pas que ces grands hommes aient donné l'idée la plus exacte du gouvernement des peuples ; à vrai dire, ils étaient bien éloignés de vivre sous une atmosphère de liberté suffisante pour donner à leur génie tout l'essor nécessaire ; cependant, ils avaient sous les yeux les exemples de Sparte, d'Athènes et de Rome ; il faut croire que s'ils se sont bornés à des généralités, à des théories abstraites, c'est qu'il leur était impossible, avec la constitution politique de l'Europe, de traiter à fond toutes les questions d'ordre public intérieur ; autrement on s'exposerait à dire qu'ils n'ont pas prévu la possibilité d'un alliage entre le principe démocratique et le principe royal, qu'ils se sont arrêtés aux trois bases principales du gouvernement sans considérer comme sérieux le mélange de l'institution royale avec l'institution populaire. Le temps serait-il appelé à nous instruire davantage, en sommes-nous à ne pas savoir ce que nous faisons ; la transaction ne peut-elle se faire sur l'autel de la patrie en pleurs, un intérêt réciproque né de la crainte de tout perdre ne surgit-il pas de cet immense débat; il me semble à moi, que rien n'est plus raisonnable que la consolidation de la charte, et que sans nous jeter ni dans les fureurs du despotisme, ni dans les convulsions de la liberté, on peut s'en tenir à une monarchie tempérée par des institutions démocratiques; que c'est encore là tout ce qu'il y a de mieux, en regard de l'étendue du pays et de l'accroissement de la population : le plus beau rêve de tous doit être relégué dans les magnifiques souvenirs d'Athènes, de Sparte et de Rome, et ne peut s'appliquer à notre fragile tempérament; aussi, est-ce bien là que commence la trahison du ministère; il sait bien qu'il a tout à gagner pour son système à donner le change au public, en signalant comme républicains les hommes qui demandent l'exécution littérale de la charte : pauvre hère! s'aperçoit-il enfin du contraste que tous remarquent entre sa faiblesse quand il s'éloigne de la charte, et sa force s'il s'en rapprochait! quel enseignement lui faut-il de plus que cet abandon où il reste isolé et incapable de faire ni le bien ni le mal : la cause n'est-pas difficile à deviner cependant; à force de trahir le principe fondamental de 1830, il a fini par donner la vie à des bornes, et par se donner des maîtres, partout où il ne devrait trouver que des collaborateurs : à droite, à gauche il ne voit que des censeurs, que des hommes blessés de son audace, courroucés de son orgueil; il est réduit à mendier des secours à des subordonnés. Est-ce donc là le ministère de France, il y a-t-il du Richelieu ou du Louis XIV dans ces allures si chétives : conserver le titre sans la puissance, n'est-ce pas mettre à nu cette plaie honteuse qui dévore les grands de notre époque, l'ambition de l'argent.

La thèse est sérieuse, je la soutiens sans prétention, mais sans faiblesse; je dirai que le système est obligé de compter pour rien tous les efforts de la politique rétrograde pendant quinze ans; qu'il est moins avancé qu'au lendemain de 1830 et qu'il faut bon gré, mal gré substituer le principe de la probité politique, à tous les actes contraires, renouveler immédiatement une Chambre impuissante, et donner à la France, des Députés élus par des électeurs. Le nerf de la guerre aux abus est là, la santé revient au corps politique, et la liberté se raffermit en France et en Europe.

On a tant essayé de divers systèmes, que n'éprouve-t-on, enfin, le système de la probité (politique)? On est assez riche pour marcher à ciel découvert! à quoi sert de dissimuler plus longtemps? La ruse n'est pas ce qui convient le mieux, en France.

Illuminez donc, ô systématiques, la portion de l'avenir qui nous reste, et que le flambeau de la vérité éclaire l'univers.

www.ingramcontent.com/pod-product-compliance
Ingram Content Group UK Ltd.
Pitfield, Milton Keynes, MK11 3LW, UK
UKHW031923260826
14628UKWH00003B/1388

9 782012 980877